高蕊 著

持续成长
—— 来自中国企业500强的启示

企业管理出版社
ENTERPRISE MANAGEMENT PUBLISHING HOUSE

图书在版编目（CIP）数据

持续成长：来自中国企业500强的启示/高蕊著. —北京：企业管理出版社，2023.10

ISBN 978-7-5164-2889-4

Ⅰ.①持… Ⅱ.①高… Ⅲ.①企业发展—研究—中国 Ⅳ.①F279.23

中国国家版本馆CIP数据核字（2023）第168738号

书　　名：	持续成长：来自中国企业500强的启示
书　　号：	ISBN 978-7-5164-2889-4
作　　者：	高　蕊
责任编辑：	尤　颖　徐金凤
出版发行：	企业管理出版社
经　　销：	新华书店
地　　址：	北京市海淀区紫竹院南路17号　邮　编：100048
网　　址：	http://www.emph.cn　电子信箱：emph001@163.com
电　　话：	编辑部（010）68701638　发行部（010）68701816
印　　刷：	北京博海升彩色印刷有限公司
版　　次：	2023年10月第1版
印　　次：	2023年10月第1次印刷
开　　本：	880mm×1230mm　1/32
印　　张：	8.125
字　　数：	130千字
定　　价：	68.00元

版权所有　翻印必究　·　印装有误　负责调换

推荐序一

"大江东去，浪淘尽，千古风流人物"，当文人墨客体会诗人苏轼面对赤壁感怀历史上英雄豪杰起伏更替的时候，时代的潮流正簇拥着中国企业的航船奔涌向前。中国大企业成长发展的过程跌宕起伏，动人心魄。一些企业经久不衰，搏击风浪，始终勇立潮头；一些企业风光一时，快速崛起，却经不住风吹浪打，折戟沉沙。探究其中的原委和规律，既是一桩经济学界的任务，也可以为社会各界从中汲取更多的经验教训。中国企业联合会自2002年开始向社会发布中国企业500强榜单，至今已有22年，这些榜单真实记录和见证了21世纪以来我国大企业发展的光辉历程，也如实反映了领先企业的成败与得失。榜单数据背后隐含着的那些中国式现代化道路的艰辛探索、中国大企业成长的一般规律、应对商场风险的经验教训,一直是社会各界非常关注的事情。

日前得知,中国企业联合会的同事高蕊博士根据工作中对大企业的持续观察和深入分析思考,又完成了一本基于中国企业500强榜单而阐释中国大企业成长规律的新书,很为她高兴!年轻学者认真完成本职工作的同时,结合工作深入探讨,业余时间奋力耕耘,历经十余载潜心跟踪研究中国企业500强发展实践,不仅取得工作上的成果和收获,而且在成长路上能力水平渐升,这份长期主义的心智和笔耕不辍的毅力,值得肯定与赞赏。

巨大的中国企业群体是中国改革开放最值得称道的成果。中国企业(特别是大企业)的成长既遵循了世界进入工业化阶段以后大企业发展的部分规律,更具有中国式现代化道路的特色。作为经济社会中的一种组织形式,中国大企业从未像今天一样,对外界产生如此大的影响。可以毫不夸张地说,中国大企业所提供的工艺技术、产品服务和基础设施,不仅支撑了中国经济的长足发展,其所带来的规则秩序的确立与完善,所产生的作用与影响力巨大,甚至已经超越国界。诚然,企业成长面对的外部环境,充满机遇也遍布挑战,只有坚持改革创新的方向,持续不断地迭代和坚韧不拔地前进,才能保持企业持续进阶,求得企业在动荡环境中的稳定性;而一味追求规模的盲目扩

推荐序一

张,忽视市场经济的基本规则和科学的企业管理,哪怕一时风光无限,也可能"忽喇喇似大厦倾",难以为继。中国企业500强中个别企业的惨痛教训,无不时刻提醒企业和企业家必须认识到,外部环境极其复杂,充满不确定性,企业比以往任何时候都要更加关注宏观政策和战略大局,要着力价值创造和自主创新,要统筹协调做强和做大、长期和短期、投入和产出、新兴机会和传统基础,从而建立能够持续成长的能力。

高蕊博士把企业成长看作是一个集成性和时序性的概念,是各类资源要素、制度文化、利益相关者在企业组织上的集成和耦合,体现为企业的强大、革新、活力,也是企业自身做强、做优、做大在时间上的集成和持续。她从理论逻辑上进一步阐明了企业成长对"持续性"的内在要求,同时还对中国500强企业长达20多年的数据和大量实践的鲜活案例进行了深入观察和深度剖析。书中不仅对那些持续在榜单中"常青树"的赛道分布和成功做法认真加以总结和提炼,指出持续成长的关键步骤,而且将500强企业退榜者的案例予以仔细分析和解读,找出它们被时代潮流淘汰的原因。书中还根据500强企业掌舵者的实践梳理了企业家的特质,根据500强企业的现实去讨论创新攻关克难的经验和教训等,这些都具有很强的现实意义。

当前，建设世界一流企业正在成为一项国家战略。2022年2月，中央深化改革委员会第二十四次会议审议通过了《关于加快建设世界一流企业的指导意见》，明确指出创建世界一流企业"产品卓越、品牌卓著、创新领先、治理现代"的主要特征和努力方向。高蕊博士紧扣时代脉搏，在书中对企业何以做强、做优、做大并持续强盛不衰进行了深度探讨。这是年轻学者与国家发展同频共振，尝试在理论和实践路径上有所贡献的可贵探索。书中有创见地提出若干鲜明观点，并不是对一般性管理学常识的同义反复，而是围绕持续成长提出了有启发性的认识和主张。比如在企业文化这一部分，深度解构了文化作为企业持续成长的关键因素，其最底层的基本假设是企业行为的依据，决定了价值排序和利益权衡取舍。她从第一性原理出发，讨论了文化在企业形成使命定位中的作用，研究了如何优化和固化基本假设的问题。又比如在创新部分，不是反复论证创新的重要性，而是直指创新需要要素禀赋的实际投入，需要应对探索与转换赛道中的未知风险，需要转换成价值创造能力。书中讨论的坚持投入、越过锋刃的创新态度，以迭代和优化解决实际问题的创新原则，以边缘孵化跨越S曲线的创新方式等，都与创新理论的进展密切相关，显示出了年轻学者的努力和追求。

通观此书，高蕊博士对于中国大企业持续成长这样一个分量很重的话题，不是照搬教科书的范式和书本语言加以诠释和解读，而是搭建了科学框架，任思路激荡驰骋，以可靠严谨的逻辑和活泼生动的语言侃侃而谈。不难看出，高蕊博士在大学企业管理专业的学习和10年间的研究积累，使她的理论基础不断扎实，在中国企业联合会参与500强企业跟踪研究工作10余年的经历，又使她的作风与素质经受淬炼。可以说，像这本书的名字一样，她在企业成长这个领域的学习和研究也具有持续性，期待她与研究对象一起成长，在服务企业和企业家的征程上不断进步。

再次祝贺新书出版，期待不断有新作问世！

朱宏任

中国企业联合会、中国企业家协会

党委书记、常务副会长兼秘书长

2023年9月28日

推荐序二

本书以成长为核心概念，以持续为关键定语，丰富了企业成长理论的内涵。

我们经常说文如其人。作者坚持20年研究企业成长，关注中国企业的变化及其规律，这本身就体现了持续的行为，体现了持续的意义。研究持续性，如果本身所作所为不持续，做事东一榔头西一棒子，机会主义，赶风口，那所谓持续性的研究成果就是笑话了。本书研究持续成长，作者自己也做到了持续成长。

一、关于持续成长

这本书所说的持续，贯穿在本书的各个章节。我认为至少包含了五个方面。第一，持续增长。主要指的是企业规模不断扩大，这既是成长的基础，也是成长的结果。第二，持续创业。主要指的是企业的事业空间，包括业务范围和市场区域的不断拓展。第三，持续创新。主要指的是企业在技术方法、管理体系方面的不断迭代。第四，持续奋斗。主要讲了企业家精神、组织活力和企业的社会责任。第五，持续数据。运用了20年不断积累的长期数据，避免了短期数据的局限性，给出了企业之所以可持续和某些企业不能持续成长的数据证明。

书中写到，无论是做大、做强，还是做优，其底层逻辑都是要做久，即长久地活着。任何事物都存在于时空之中，企业成长亦是如此。作者之所以用"持续成长"描述企业，是在明确优秀企业和优秀企业家的一种追求——在活着的基础和前提下，叠加高层次的目标追求。首先要活出规模来。没有规模增长，没有做大的活着是成熟，是传承，不是成长，比如街角的百年小店。其次要活出地位来。没有行业地位，没有做强的活着是小草，是依附，不是成长，比如供应链上任人摆布的配套企业。最后要活出质量来。没有品质品牌，没有做优的活着是苟且，是凑合，不是成长。比如那些低档、仿造的小作坊。

这就是本书对企业持续成长的定义：企业成长是一个集成性和时序性的概念，是各类资源要素、制度文化、利益相关者在企业这个组织上的集成，体现为企业的强大、革新、活力，也是企业自身做强、做优、做大在时间上的集成，持续性本就是企业成长的内在要求。

二、关于持续迭代

本书还给我们提供了对持续成长的代际性思考，那就是通过一个个S曲线进行持续迭代。任何事物都存在于生灭周期之中：产品有寿命周期，技术有寿命周期，人有寿命周期，企业同样有寿命周期，这就需要持续迭代、跨越周期来实现做久。我曾经在《成长的逻辑》一书中阐述过企业成长的规律、逻辑和实践11条，读过本书之后，特改写如下。

企业成长的自然规律主要体现在以下六点。

第一，任何一个企业都是时代的企业，企业的终极未来是消亡，这是我们可以确定但无法避免的宿命。

第二，企业从诞生到消亡是一个有长有短的寿命周期。企业消亡是我们无法准确预测的。

第三，企业的管理者可以思考并拥抱未来，并把尽力延长企业的寿命作为使命和责任。

第四，企业的生存和延寿决定于其对环境变化的适应，影响于企业的文化和核心价值观。

第五，环境变化的关键界面是客户需求变化，除非企业故意创新找死，违法致死。企业运行必须以客户为中心。

第六，客户会识别和选择哪个企业所提供的产品和服务更能满足他的需求，尽管偶尔也会做出错误的识别和选择。

企业成长的组织逻辑主要表现在以下四点。

第一，企业必须经营所有资源来实现相对于过去的适时、适度的量的成长（做大）和质的成长（做优）。

第二，企业必须有效经营所有资源来实现相对于同业者较强的竞争力或垄断力（做强）。

第三，量、质和力的成长可以分别以组织的增长性、创新性和竞争性三类指标来表示。

第四，企业持续成长的结果表现为增值后的规模性、营利性、结构性、持续性和社会性五类指标。

企业成长的管理实践存在于最重要的一点——企业实现量、质和力的成长的时机、力度或节奏决定于管理者的思悟力、行动力和领导力。

企业是有宿命的，完全遵循规律或天道去成长，就是按照耗散理论的说法，最终会走向消亡。然而人之所以能作为"灵物"存在，就是能够悟天道、变天道和创天道，这就是持续迭代的作用。中国神话故事中的女娲补天、后羿射日、精卫填海、愚公移山等，都是战天斗地的主动行为，体现着中华民族骨子里、血液中要改变自然之宿命的一种奋斗精神。这种主动行为和奋斗精神自然而然地渗透在了中国企业家群体身上。看本书有关中国500强企业由小到大、由弱到强、由次到优的成长过程和案例，你会由衷地体会到这种精神。看到中国企业和企业家正确选择赛道、坚持长期主义、保持战略定力、强化文化建设、跨越成长周期的壮举，你会对未来产生足够的信心。有空间，有时间，使命换人间！

三、关于持续思考

中国经济和中国企业正进入不同于以往的大变局时期，我们需要对目前的形势、未来的趋势、我们的任务做深入的、持续的思考。本书专门写到了企业家一章，提出了企业家的至关重要性。企业家思考持续成长，需要站在未来设计现在，放眼世界规划自我，强化使命感。需要以升维思考实现降维打击，以做局思维助力做强做优，以代际思维规划人生目标。

企业家需要持续思考"三命"——宿命、寿命、使命——虽有宿命，牢记使命，持续寿命。自然规律是宿命，生存周期是寿命，天职意识是使命。实现企业的持续成长，不仅是我们能做的，也不仅是我们想做的，更是我们必须做的。

这就需要通过企业家的管理实践将自然规律、组织逻辑结合起来。在认知自然规律和明确组织逻辑之外，激发企业家、管理者的思悟力、行动力和领导力。这三力中包括了思维的灵性、假设的确定、悖论的解决、机会的洞察、人性的善解及灰度的行动等。党的二十大报告指出，科技是第一生产力、人才是第一资源、创新是第一动力。企业家则是人才中的人才，是深入实施科技兴企战略、人才强企战略、创新活企战略，开辟新领域、新赛道，激发新动能、新优势的发动机和领路人。

企业的持续成长依靠企业家，依靠企业家的持续成长！

杨 杜

2023 年 9 月 11 日

自序

过程即是馈赠

答案总是藏在问题中

从接触管理学这门学科,到近距离观察、研究企业,一晃20年了。

何其有幸,能够见证中国企业一路做大做强做优。20年来,大中小企业协同,新兴传统业态接续,在国内外广泛合作和新一代信息技术的加持中成长为连绵不绝的金山。感叹企业强盛的同时,总是在追问:

企业何以强盛并一直强盛?

做大、做强、做优及它们不同的排列顺序是过去这20多年间,企业在外部环境所带来的机遇和挑战中的选择，也是整个社会的期盼。我们国家的企业从规模跟进到质量追赶，当前已然进入了以做强做优做大为优先级的成长阶段。国家宏观层面也定调——质的有效提升，量的合理增长。那么，做强、做优、做大的下一步是什么呢？

答案总是藏在问题中。

无论是做大做强，还是做优，其底层逻辑都是要做久，即活着、长久地活着。过去20多年，企业抓住加入世贸组织带来的广阔市场空间，规模迅速累积，进入行业前列，避免被并购、被蚕食；顺应新技术、新赛道，奋勇搏击，布局新的增长曲线，跨越成长周期，寻求一个个小S曲线接续中的生生不息，应对接连不断的外部冲击，应对百年未有之大变局的不确定性，以创新、以改进、以优化，积蓄能量，锤炼韧性，跨越成长障碍。这些过程中，企业得以强大，生命得以长久。做大和做强做优本就不是割裂的，而是既充分耦合、相互促进也相互制约。企业成长因此呈现螺旋、迭代、上升的理想状态。做久既是初心，也成为自然的结果，而且是这个过程中的基本遵循。

因此，很自然的，做强、做优、做大的下一步依然是做强、做优、做大，或者这三组词语换个排序方式的组合。其背后不变的是做久的结果和态度。做强、做优、做大只是企业在面对不同的成长阶段、外部环境中的不同力量时表现出的成长策略。

这正是本书要讨论的持续成长。

企业成长是一个集成性和时序性的概念，是各类资源要素、制度文化、利益相关者在企业这个组织上的集成，体现为企业的强大、革新、活力，也是企业自身做强做优做大在时间上的集成，持续性本就是企业成长的内在要求。因此，企业持续成长有两个鲜明特征，即积极的变化和时间的存续。

在当前的这个时点上，讨论企业持续成长还有以下考虑。

企业作为经济社会中的一种组织形式，从未像今天一样，对外界产生如此大的影响。企业所提供的产品服务、基础设施，以及其所带来的规则秩序的改变和重塑等所产生的影响力甚至已经超越国界。企业需要持续成长、持续迭代、持续精进，以维持企业自身发展，维持企业和外部关系的稳定性。这是企业对其社会价值和社会地位应该有的担当，更是面对企业当中频繁出现的危机事件时该有的自觉性和"大了也能倒"的警觉性。更重要的是，当前所处的外部环境极其复杂、极其不确定，企业比以往任何时候都要关注一直活着的价值，要平衡做强和做大、长期和短期、投入和产出、新机会和旧基础，从而具备能够持续成长的能力。

企业满足需求，创造需求，实现成长，服务美好社会。人们对"美好的追求"的范畴日益丰富，从物质到精神，沿着马斯洛的需求层次一路而上，尤其是自我价值实现，投入才智解决问题成为美好生活的必要内容，是国家繁荣和社会活力的源泉，也是企业"依靠人、为了人"并得以持续成长的活水。当前，我们国家以"满足人们对美好生活的向往"为发展愿景，企业作为其中物质技术的载体要成长永续，是机遇，也是责任。如此，企业持续成长支撑下的地区发展和国家繁荣会更加坚实，人们对美好生活的追求也会更加坚定。

不完美的研究立场

管理学研究有绕不开的三个标签，即上帝视角、地域情景和案例研究，并依次因为企业成长的实然性、成长场景的局限性，以及企业成功的偶然性和复杂性而受到不同程度的质疑，姑且称为管理学研究的"先天不足"吧！本书亦不能幸免。从"找补"的角度，聊一聊不完美的研究立场吧！

自 序

企业成长是实然状态,而不是应然状态。

这是研究者应该有的研究价值观和时时发出的自省。企业实践是非常复杂而且不易的,尤其是作为领导者的企业家们,更是呕心沥血。研究者首先应该具有这样的人文关怀。

然而,研究者不是实践者,尽管对于战斗在企业中的人总是有种深深的敬意,但另一面也忍不住"想当然"般指手画脚,总有"站着说话不腰疼之感"。而且,理论是灰色的,实践之树常青,企业管理作为一门实践的科学更是如此。企业成长是复杂的、变化的,研究和观察往往是滞后的,跟不上企业发展的速度。

那么研究者的价值是什么呢?

实然中的观察,应然中的建议。

研究的本质是知识创造过程。按照对外的显现程度和传播的难易程度,知识可以分为显性和隐性。从管理研究来说,企业的战略、文化、创新、组织管理,以及围绕于此在企业内部形成的文字规划、制度等都可以称为隐性知识。我想本次研究过程就是要深入观察企业实践,去追问它们何以成功,又因何衰败?为企业持续成长这个命题寻找"知其然,也知其所以然"的线索,以"第三方视角"进行客观中立的比较、分析、抽离,形成逻辑和框架体系，目的在于将企业实践中透露出来的隐性知识，以一套更容易传播的话语体系形成显性知识，来传递给管理者、研究者及其他利益相关方。研究的意义也在于帮助企业进一步认识企业做大、做强、做优和做久这些命题，通过这些显性知识的学习与个性化实践相结合，将其内化成企业隐性知识来发挥作用，帮助企业持续成长。

本书对企业持续成长这个命题的讨论，大都是从典型的中国500强企业成长实践出发，嵌入到我们国家宏观经济背景中，来讨论企业的持续成长。当前，在理论和实践中，很多有识之士都在试图总结提炼中国式企业成长道路、中国式企业管理。这本书确实有蹭流量之嫌。从客观来讲，管理无国界，企业文化和发展阶段却有国别，企业成长的研究需要考虑文化适应性和发展阶段性的问题。从中国大企业而来的经验和教训，在解决阶段性和适应性的问题上，会有更强的应用性。更为重要的是，企业的持续成长源于企业的定位，即企业首先要确定与环境的关系和与环境的互动方式，确定组织的使命，进而才会有如何成长的命题。这是中国式情境的重要意义。

当然，本书在梳理中国500强企业成长实践的同时，也引述了诸多其他国家企业的优秀经验。因为我们的企

自 序

业成长、企业管理在探寻"中国式"的同时，也要充分汲取外来的管理思想、方法工具，遵循人类社会发展的一般规律和企业管理、企业成长的基本原则。在过去是如此，在未来也不能闭门造车，进而将中国式的企业成长作为一个不断完善和发展的实践过程，并呈现其地域特色和时代特色。

不得不承认，按照当前管理学的研究范式，本书没有基于数据的统计模型，很多观点可能会显得有些主观，这是案例研究本身的方法弊端。本书引用的企业案例，多是企业的一个侧面，或者一个部分，以此推测整体，结果确实有失严谨，尤其是企业的正面案例可能会翻车时，严谨性更容易遭到质疑。换句话说，我们坚持赞赏某一个模块的正确，企业这个复杂的经济组织也可能因为另一个失败模块而衰落。那又如何，这是案例研究的鲜活感，恰恰体现着企业成长真实性和复杂性的魅力。

另一个层面，在普遍的认知中，相比于赞赏，以批判的视角去论证某一个观点，更容易引起共鸣，至少没有"站台"的嫌疑。然而，批判一方何尝不是对另一方的赞赏，批判某一方面也自然能联想到对另一方面的认同。而且，赞赏至少给出了一种可以参考、可以借鉴的路径，而如果批评又没有阐述清楚"怎么办"时，则更容易有纸上谈兵之感。

幸运的是，这些年中国企业发展实践是生动而伟大的，它们的成功或者挫折不断验证着我们多年强调的管理学中的常识，它们的创新和突破也在不断丰富企业成长的路径和姿态。我所在的机构，中国企业联合会作为广泛联系企业和企业家的组织，提供了大量和企业实践接触的机会，我所参与的中国企业500强工作也让我更加直接、更加具象地观察企业。这是本书的底气，也是本书的由来之一。

一份500强榜单的时间价值

为了解我国大企业的发展现状，中国企业联合会自2002年起，每年9月前后都会对外发布中国企业500强系列榜单。因为这份榜单的数据实际上是企业在上一年的经营情况，因此，2002年发布的第一份榜单，反映的是2001年中国大企业的经营情况。那么可以说，这份榜单自发布至今完整地记录了21世纪以来20多年间我国大企业的发展特征。

中国企业500强榜单的入榜企业堪称佼佼者。这不仅是它们在一个时点上位列大企业方阵，更要看到在这个时点之前，它们在规模和能力上所做出的多年积累。

自 序

中国企业500强是根据营业收入来编制的，以此规模性指标来排序"500强"常常受到诟病，并一度引发"大而不强"的争论。但看看这些持续在榜的企业，它们的"强"是毋庸置疑的。能数十年间持续把营业收入规模做大，换句话说，能持续不断地把产品和服务卖出去本身就是极具竞争力的表现。当然，有读者一定会说，营业收入的增长是可以通过并购来实现的，实际上很多企业做大的过程确实如此。反过来看，那些被并购者大多是规模相对弱小的，蛇吞象的例子虽有但并不多见。即使是并购，规模的持续扩大也必定经过并购后各种复杂的整合和协同后的良性发展。以时间的跨度来观察那些在榜者，我们就会发现持续成长的真谛。数十年持续做大，背后是内部管理、技术创新和商业模式等软性实力和规模增长的共同进步。

大浪淘沙，能持续存在于这个长达20多年榜单中的企业，实属不易。20多年的时间或许不足以判定一个企业基业长青的特质，但能持续居于中国500强这个具有高门槛的方阵中本身就是价值肯定。这些企业在存续时间、自身规模实力和增长水平上都显现出了持续成长的态势，姑且就称为"常青树"吧！本书正是想从中国企业500强20多年的成长实践出发，尤其是持续在榜的

"常青树"出发，尝试在纷繁复杂的信息中寻找到企业持续成长的关键因素和关键措施，并在更广泛的层面进行讨论，给读者一些启示。

何以持续的结构安排

这本书大概率不会火爆，会加入诸多管理学著作的分母大军，但并不遗憾。中国企业数千万，相关的从业者、研究者数倍于此，甚至数十倍于此。如能机缘巧合，在如此庞大的人群中读到此书的人有万一，若能再有所感触，有所行动，就是研究的价值。

研究者要站在第三方视角讲道理，布道 What 的内容，更要和企业深入对话和互动，解决 How 的问题，后者更能体现研究的价值。

从这个目标出发，以终为始，本书将重点放在了对成长何以持续的讨论上。在每一章的开头部分，都尝试从中国 500 强企业的实践出发，来提出一些研究命题，比如从 500 强企业的"常青树"来观察它们的行业分布，它们的赛道选择和战略定力，从 500 强企业的退榜者去研究它们没有跟上大部队的原因，从 500 强企业掌舵者去梳理企业领导者的特质，从 500 强企业的创新现实去讨论它们的创新困境和经验等。在此基础上，从成长理

自 序

论的底层逻辑和广泛的企业实践层面去探究和证实这些观点。

全书的结构安排如下。

首先，持续成长的前提在于对这个命题本身的认知和认同。第一章正是着眼于此，从企业成长的底层逻辑和现实考量，提出企业"不仅要做强做优做大，还要做久"，尤其对大而不倒心存敬畏，并提纲挈领地提出了企业持续成长中的七个基本遵循。

其次，企业存在的前提是要找到在环境中的定位，确定所服务的客户，保持定力，持续成长才能由此开始。第二章和第三章将探讨这些命题。第二章虽为"赛道选择"，但可能会让人失望的是，读者并不会看到那些态度明确的产业机会判断，不会被告知具体的产业选择。一方面，我们梳理了中国企业500强发布20多年间持续在榜企业所属的产业特质，发现这些"常青树"企业分布领域非常广泛，同时它们表现出的优秀业绩让我们看到了"唯行业"论英雄的局限性。另一方面，在持续成长这个假设前提下，时间具有某种魔力，每一个产业都不能简单定义为夕阳或者朝阳，长半衰期是企业做出来的。因此，我们想尝试跳出行业，站在更高一点的维度来强调在选择赛道时的常识和逻辑，讨论企业成长中需要遵从的一些产业发展中的规律，要正视的一些客观性问题。在这个基础上看到产业发展的大趋势，看到事物发展的波动周期，而后能够保有战略定力，从客户至上这个底层逻辑出发，在变化中寻找不变。第三章名为战略定力，但也并非一味强调企业要坚守主业，业务聚焦，更不是固守一个产品或者服务，不去做多元化拓展，而是探讨战略定力的背后是构建可持续的价值创造能力，是一切从客户出发，去定义行业，并有远见卓识，去持续投入和探索。当然，如能很幸运地进入一个正处于高利润时期的行业，也不要迷信行业本身带来的红利，要保持平常心，持续调整和优化。

再次，持续成长重在持续。企业需要跨越自身及外部环境的各种周期，尤其是当前充满不确定性的环境给企业带来的风险或者机遇让这个命题更有讨论的价值。第四章从"退榜者"的教训出发，讨论了企业"持续活着"需要构筑的三条底线，同时强调了短期和长期平衡的逻辑意义和方法路径。这一章还提出了企业跨越周期需要突破的三大障碍，以及在乌卡化的环境中进行确定性的成长所应该遵循的一些常识。

接下来，在第五章到第八章，本书花了很大的篇幅，从企业成长的几个重要模块出发，围绕持续性这一目

自 序

标，讨论了企业文化、模式构建、组织安排、企业家特质、创新突破、人员激励等方面企业可以参考的一些路径。这一部分的价值并不是对一般性管理学常识的重复，而是围绕持续成长提出的观点和主张。比如在企业义化这一部分，深度解构了文化是一个假设系统，其最底层的基本假设是企业行为的终极密码，影响着价值排序和权衡取舍，也对企业的持续成长具有决定性的作用，于是本书研究了基本假设如何优化和固化的问题。又比如在创新这一部分，创新投入的重要性自然无须反复论证，但创新往往意味着真金白银的投入，意味着向前探索和转换赛道中的未知风险，将创新转换成实实在在的价值创造能力就变得至关重要。因此本书在创新所应秉持的态度、创新原则等角度进行了剖析并提出了建议。

在本书的最后，回到企业作为一个组织对个体、对地域和对社会的价值呈现，以及如何为美好社会持续奋斗、在造福社会的理想主义中实现持续成长，特别提出了要"真诚而不仅是慷慨"地解决社会问题，要尝试把社会问题和社会需求变成一个"有利可图"的商业行为。同时强调企业存在于世，要用好的产品和服务来承载。这是企业存在的众多理由中非常朴素却又是最深层次的一个。企业成长的动力来源于为满足用户需求极力地去创造一种产品、提供一种服务，拿出一种解决方案。

研究过程的精神丰腴

作为一个母亲，在孩子的教育上总是很关切。孩子在"努力学习取得好成绩后，是不是要奖励"是一个经常被讨论的话题。对一种观点深以为然，就是好的成绩本身就是对努力的奖励，通过努力取得成绩带来的喜悦，远比好成绩本身还要丰富。努力本身是一种身心体验的过程，如果恰巧努力的客体又是心之向往、兴趣所至，那么这个过程则充满了精神愉悦。

完成这本书，一个研究者体会到的精神丰腴也正是如此。从大学填报志愿，看着"工商管理"几个字尤其顺眼开始，到一头扎进中国500强企业的观察和跟踪十余年，学习过程和研究对象本身令人着迷。每一次将思考转化成文字的过程，都像是一次孕育，辛苦和惊喜确实无以言表，尤其是想到要受读者检阅，甚至怀揣让企业有所受益的愿望时，那份期待和忐忑让人生体验有了更大的张力。在整个学习、研究过程中，与良师益友的碰撞、与同事领导的交流，产生的思想火花或者面红耳赤都是精神的财富。无疑，那些来自师长的帮助、领导的支持、家人的关爱，以及研究中国500强企业这份工

自 序

作给予的经验支撑，都让精神丰腴更加可持续！

本书即将付梓，正是"内心戏"丰富的时候，想表达的汇为几句感谢吧！

感谢恩师杨杜教授，带我入门研究企业成长。杨老师多年教导，耳濡目染大师风度，做人做事多了一把尺子。记得我的第一本书《破局——中国服务经济15年崛起与突破之路》出版的时候，杨老师在推荐序的最后写了一首含有我和孩子名字，有我研究内容的藏头诗，满满的期许和祝福，何其有幸！

感谢我所在的机构——中国企业联合会，其成立时间和我出生同年，巧合感更让我相信我所从事的工作有一种冥冥之中力量的牵引。我所在的研究部的领导和同事从开创500强工作至今持续20多年，从记录中国大企业成长实践到推动中国企业迈向世界一流，这份长期主义的组织文化令人耳濡目染，自觉在工作中多了一根准绳。

感谢家人和朋友，亲情、爱情、友情无须排序和选择，成年人全部都要，于人到中年的我是责任，更是幸运。其中的幸福、惊喜、温暖哪怕五味杂陈无不再一一陈表，都是丰富的人生体验。

感谢本书从缘起到面世过程中领导和老师们的支

持！宏任会长和杨杜老师为书作序，诸多点拨和鼓励受益终生。本书雏形之时，与陈春花老师对持续成长这一命题交流碰撞出的火花；企业管理出版社陈静副总编给予的支持，尤颖主任、徐金凤老师对本书编辑过程中所倾注的心血；王巧刚老师精心设计的封面，都让我的研究得以更好地呈现。

所有过往，皆为序章。所有未知，皆是可盼。

是为序。

高　蕊

2023 年 8 月 16 日

目 录

01 第一章 企业持续成长的价值　　1

是企业，而不是其他　　2
做强做优做大，还要做久　　5
大了也可能倒的敬畏感　　7
商业在美好生活中永续　　11
持续成长是正确的姿势　　21
持续成长的创造逻辑　　25

02 第二章 赛道选择　　29

中国企业 500 强的行业分布　　31
长半衰期是做出来的　　35
终究大不过经济时代　　39

客观看待产业发展的困境	44
产业发展的大融合	49
要看一些现象和优势	55

03 　第三章　战略定力　　　　　　63

来自企业 500 强 "常青树" 的实践	64
客户至上是战略起点	69
四维时空中的远大理想	75
长期主义的管理安排	79
穿透表象的价值创造力	80

04 　第四章　跨越成长周期　　　　　87

那些企业 500 强的退榜者差在哪里	88
短期和长期的平衡	92
突破三大成长障碍	96
在不确定性中寻找确定性	100

05 　第五章　企业行为的终极密码　　111

文化是一个假设系统	113

目录

优化经营的基本假设		116
复杂利益中的满意解		122
建立企业的肌肉记忆		128

06 第六章　能发光的组织模式　131

重塑价值创造的逻辑	132
共生型组织	136
为共同利益服务	143

07 第七章　至关重要的企业家　155

500强企业的掌舵者	156
持续创造的成事之心	162
虽千万人吾往矣	165
危机感和自我进化	169
清醒、理性和克制	173
企业家不是什么	175

08 第八章　创新与活力　179

500强企业的创新现实	180

以迭代和优化解决实际问题	182
越过锋刃的创新态度	185
以边缘孵化跨越 S 曲线瓶颈	187
激发每个人的企业家精神	190
点燃员工心中之火	192

09 ｜ 第九章　为美好社会持续奋斗　　201

企业的组织价值	202
在造福社会中持续成长	214

CHAPTER 1

第一章
企业持续成长的价值

流水不争先,争的是滔滔不绝。

是企业，而不是其他

企业作为一种组织形态，通过创新和就业，让国家经济、社会生活和个体价值都发生了翻天覆地的变化。企业满足需求，甚至是创造需求，改变生活方式，推动社会的进步，提升人类的福祉。企业让人们获得收入，又使之成为其顾客，经济社会得以循环运转的同时，个人也获得了美好的生活体验和成就感，从繁华都市到偏僻乡村，无数个普通人获得、分享着企业这一组织所带来的现代文明成果。

企业存在于复杂的社会关系之中，也存在于广泛的地球疆界内，通过商业设计、专业分工与通力合作，整合技术、资源、资本、人才等各种力量，并以产品和服务为承载，推动这些要素在广泛的物理世界、虚拟世界和关系世界流动。在深刻影响生产方式、生活品质，推进地域繁荣兴旺和全球化一体化进程的同时，还重塑了社会秩序，构建出一个现代化的社会化大生产和大协作的体系。企业群体中的大象们和蚂蚁们通过产业链来连接、合作、协同，共同推动一个国家富强发展，其发展成果让很多地域重新焕发生机，是否拥有影响世界市场

第一章　企业持续成长的价值

的强大企业，已经影响到一个国家的外交话语权。大国博弈企业化越来越明显。

企业在世界的现代化进程中发挥了越来越重要的作用。在宏观叙事中，企业是社会发展和市场经济中的微观主体，其组织价值，被赋予期待。众多人、财、物因为企业这样一个组织聚拢，企业不仅是一个实现财务目标的法人主体，还是世界上绝大多数个体实现梦想的承载。

本书对企业成长的研究，正是以企业自身为研究对象，以商业规则进行逻辑考量，而不是企业家的个人财富和知名度，不是企业的社会慈善，不是实现IPO、走向资本市场。这些虽然很重要，但只是企业成长状态的佐证，不是本书要去研究和评价的重点。因此，当一些连续创业者把企业做到一定程度后卖掉，或者企业被并购进入更大组织中，尽管创业者个人获得了巨大的财富，但这个企业本身已经是某种程度的衰亡。我们无意去赞颂或者批评创业者的个人选择，也无意感慨企业的命运走向，只是相关企业已经失去了我们观察的意义。简而言之，我们要将企业作为剖析对象，前提是这家企业是存续的，是成长的，是积极变化的。其他都是影响因子，是点缀。

企业成长的状态是企业内部战略、模式、组织、人力资源、创新和文化等不同维度合力作用的结果，是企业和客户、供应链、行业、政府、公众、媒体等外部利益相关力量互动的结果。同时，企业成长是多维度的。规模方面的做大、利润方面的做强、竞争维度的做优、创新迭代层面的做新、业务方面的做多，都是企业成长的必要。在学术研究领域，企业成长并不是一个严格意义上的学科，但却是商学院中的诸多学科内容的集成，包罗万象。这些决定了研究企业成长这一题目的复杂性，当然还有研究空间的广阔性。

企业成长是很多学术论文中的结果变量，在发展实践中，企业成长的结果也确实引起了人们的极大兴趣。比如中国企业联合会每年发布中国企业500强榜单的当天，相关新闻都会冲上热搜榜。中国企业一路做强做优做大，给了中国经济社会发展以极大信心和物质支撑。2022年，中国企业500强的营业收入总额超过了100万亿元，对处于新冠疫情和百年未有之大变局中的国家经济社会发展是一针强心剂。

总体上，研究企业成长，既要有影响因素的剖析，还要将其作为结果变量进行不同维度的考量。

第一章 企业持续成长的价值

做强做优做大，还要做久

按照管理学中的经典定义，企业成长是一个由小到大，由弱变强的过程。当然，这个过程也可能会停滞、倒退，在不同的转折点上，存在着生命与衰亡之间的平衡。这个过程中，持续性、增长性和变革性缺一不可，企业成长是一种存续状态，更是一种不断优化和强大的状态。百年小店和一时辉煌都不是企业成长。可以看出，在理论上企业成长这一命题，本身就包含了持续性的特征，只是在企业发展实践中，过于强调做大做强，而忽略了做久这样的内在要求。企业一直活着是实现其价值、完成众多目标的先决条件。基于时间维度上的存续，更能体现出企业在市场中的竞争力和生命力。企业不仅要强大，还要能够一直活着。二者叠加在一起，才是企业的生命价值。

实际上，持续性已经成为我国企业当前必须要考虑的议题。

在讨论这个问题之前，我们先抛出一个现象。中国企业500强连续发布了20多年，持续在榜企业不足百家，落榜企业数以千计，"存榜率"不足20%。美国企业

500强也是如此，自榜单发布的60多年间，持续在榜企业不足十分之一。很多人熟悉的一个数字，那就是90%以上的创业企业活不过3年，企业从诞生到活下来确实不易。那些有幸活下来的企业，能持续有质量地活下去更要经历九死一生。衰退是企业本来的宿命，企业的成长实践就是要尽可能拉长健康时间，跨越风险、突破障碍，去实现有质量的增长。

从我国企业的发展历程来看，20世纪90年代到2008年，国家GDP两位数高速增长的宏观背景下，企业整体上像坐电梯一样实现了飞速发展，即使是中国企业500强这样的"巨人"方阵，增长速度也都达到了20%～30%。而后在历经国际金融危机、信息技术浪潮、新冠疫情等外部环境上的各种变化，国家整体经济转向中高速增长后，大部分企业的发展节奏也相应调整，企业此时修炼内功，保持稳定成长就非常重要。在国家宏观层面，对企业发展要求的提法也从"做大、做强、做优"转变到"做强、做优、做大"。虽然只是做大和做强顺序的调整，却显示出了无论是国家经济发展还是企业微观，都已经从"有没有"向"好不好"过渡。企业的转型升级，提升竞争能力，实现长期发展，成为成长主旋律。需要看到的是，在这个过程中，很多企业没有处理好做大和做强做优的关系，遭遇了滑铁卢，甚至很多耳熟能详的企业也变成了退榜者。

那么持续性就成为企业在处理做大和做强做优的过程中需要把握的一个基准目标。

此外，我们的现代企业起步和发展都比较晚，能称得上百年企业的寥寥无几。但经过改革开放的大机遇和经济周期波动的洗礼，我国的企业日渐成熟，有了不俗的基础和实力可以有更长远的追求，在做强、做优、做大和做久的相互助力中寻求高质量发展，迈向世界一流。

大了也可能倒的敬畏感

企业的成长逻辑、路径和方式，除了受到自身组织信念的影响，还和所处的产业环境、产业阶段密切相关，尤其是在那些"遍地是黄金"的市场机遇面前、在整个行业都"大干快上"的草莽阶段，在一个行业的发展可以对数十个上下游行业产生影响、对国家宏观经济产生影响的时候，在一个大企业"大到不敢让其倒"的赌徒心态弥漫在全行业时，企业对持续成长理念的坚守就变得非常困难，也显得弥足珍贵！这是企业自身高质量发展的要求，也是整个行业健康发展的基础。企业群体尤其是大企业群体的相对稳定也是提高整个国家利用各种资源要素效率，提升整个社会发展信心的保障。

企业组织价值的发挥，在于好好活着。无论是通过提供有价值的产品和服务，提升人类福祉，还是通过创造就业、缴纳税费，推动地域繁荣，促进全球联通，企业都必须是持续存在的。当然这也要考虑到代替品，就是一个企业倒下了，它的竞品是不是能够满足社会需求，提供上述价值，显然可以！甚至在某些维度上，可能做得要更好，而且企业群体合理的新陈代谢，有利于提升整个经济社会的活力。事实上，企业从创立、成长到衰亡的生命周期本就是客观的和现实的。

在这里之所以强调企业要持续成长，要保持企业群体的相对稳定，有两个考虑。

一是经过几十年的发展，我们国家在各个领域有了一批千亿元级乃至万亿元级的企业，进入世界企业500强的数量已经超过130家。这些企业备受瞩目，同时也对民众、社会、产业形成了难以估量的影响。当这些企业不能在做大和风险防范之间找到平衡，不能在做大和做强、做优之间进行统筹安排时，就会对政府、银行等利益相关群体形成"绑架"。政府、银行提供的隐性担保和"救助预期"又在一定程度上削弱了他们的防范风

第一章 企业持续成长的价值

险意识和自我调整能力，甚至形成赌徒心态和道德风险。众所周知的海航、恒大莫不如此。

二是因为21世纪以来，很多风口涌现，以光伏和共享单车为代表的新产业的发展出现"一哄而上"的虚假繁荣后，很快又进入"一哄而下"的僵局和混乱，不少明星龙头也难以避免出局的命运。还有钢铁、水泥、电解铝、平板玻璃等不少传统行业，在上行周期时，企业蜂拥而上，把产能提高到短期消化不了的程度，大量低端、低质、抗风险能力不足的小企业在下行周期中倒下。这不仅对资本、资源、环境造成了浪费和破坏，也加速了企业出局，让涉身其中的很多企业客观上变得短命，还浮躁了整个行业发展乃至经济全局。

2005年前后的光伏产业成为炙手可热的投资领域，甚至家纺、电子、房地产、外贸、化工、食品、农业等各类公司大量"外行"跨界而来，信誓旦旦抢滩光伏产业链，地方政府、投资者、银行、创业者因为市场和商机成为紧密的利益相关者，领头羊江西赛维和无锡尚德的市值一度高达百亿美元，又进一步增强了参与者的信心。然而很快，2012年光伏产业遭遇危机，市场萎靡、产能过剩、价格大战、双反调查……三分之一的中小企业产能利用率只能在20%～30%，基本处于停产或半停产状态，地方政府专门设立了稳定发展基金，协调债权银行提供流动性资金贷款和技改贷款，帮助这些"大而不能倒"的企业恢复生产，但无力回天的明星企业江西赛维和无锡尚德还是到了破产重整的地步。中国光伏产业在外困内忧中被迫集体"入冬"。而 10 年过后，我们国家的风电和光伏发电并网装机容量均突破了 3 亿千瓦大关，连续多年稳居全球首位。新能源切切实实具有了无限商机，成为了可长远计的产业。大浪淘沙后，一批新的巨头也正在诞生。昔日的创业者和明星企业留下来的并不多见。或许是时运不济，或许是成长的姿势不对。

需要承认的是，不少行业的崛起都是经过了野蛮生长和大干快上，经过白热化竞争后，行业进入规范期和成熟期，依然坚挺的企业成为胜利者。这是市场的本质！是无论怎么去倡导理性投资、国家以政策强力引导都难以改变的规律。我们关心的是那些"笑到最后"的胜利者，尤其是在充满"机会"和"诱惑"的行业中"剩下来"的那批企业，就是能够兼顾做大、做强、做优的企业，也一定是对"大了也能倒"有清醒认知的长期主义者。

第一章　企业持续成长的价值

商业在美好生活中永续

"美好生活"源于亚里士多德的《尼各马可伦理学》，他将美好生活定义为：人们在拥有某些生活必需品（如食物和住房）后，经过深思熟虑会选择的生活方式，并且他把对知识积累和知识追求中获得的满足视为最高层次的需要，即最高的善。亚里士多德对需求层次和需求排序的观点对后来的研究和实践都有很强的借鉴意义，尤其是"最高的善"受到很多赞美，得到很多丰富。心理学家亚伯拉罕·马斯洛对人类的需求进行了分类，延展出了需求层次理论，并强调了"自我实现"需求这一高阶需求。罗斯托在经济成长阶段论中将追求生活质量作为经济成长的最后阶段，并提出最终人们对美好生活的需要将从追求物质享受转向精神享受。埃德蒙·费尔普斯更是在《大繁荣》中表达了这样一个观点，充分发挥个人才智，投入地解决问题，本身就是美好生活的一部分，而由此带来的技艺精进或者成就，是美好生活的另一个组成部分。这些都是在创造繁荣，并强调"参与创造、探索和迎接挑战的愿望"为代表的现代价值观正是国家繁荣和社会活力的源泉。

"满足人们对美好生活的向往"正成为当前中国的发展愿景，其内涵和实现路径在我们国家的改革创新实践中得到了丰富发展。第一，"美好生活"是内涵丰富、价值完整的动态系统，包括物质充裕、精神富足、制度公正、社会和谐、环境宜居等诸多要素在内的完整的生活系统。第二，美好生活是通过人并且为了人而实现对"美"与"好"的本质占有[①]，依靠人民，以人民为中心，不断改善民生，才会为美好生活的创造与实现提供不竭动力。每一个社会主体共创共建，才能描绘美好生活的鲜亮底色。

基于上述，我们提出以下观点。

美好生活既是一种客观状态，又是一种主观建构，是人类生存的永恒主题，是一个动态的、长期的过程；美好生活既是目的也是过程，美好生活的构建离不开对"人的需要"的深层关照和对"人的价值"的深度开发；美好生活既包含物质层面，也包含人文精神层面。对美好生活的向往和追求激发了商业活力，造就了美好社会，商业在这个过程中满足需要、创造需求，也将实现永续发展。

---

① 李明．美好生活与人的自由全面发展［N］．光明日报．2021-07-19．

第一章 企业持续成长的价值

美好生活永恒进行时

从石器时代到蒸汽时代再到信息时代，从采集狩猎到农业种植再到工业服务业，从非洲到全球甚至再到火星，从产品经济、服务经济到体验经济，美好生活是人类世代相续的梦想与追寻，一部人类生存发展的演进史就是一部美好生活追寻史。美好生活归根结底是满足人的需要。一方面，人的需要是多元存在的，既有自然要素，也有社会要素，还有精神要素。另一方面，随着社会历史不断向前发展，人们对美好生活的感受与认知也会处于变化发展中。正如马克思所言，"已经得到满足的第一个需要本身、满足需要的活动过程和已经获得的为满足需要使用的工具又引起新的需要"。[1]

从人类历史的宏大叙事转向到我们身边，看中华人民共和国成立这70多年间人们衣食住行和精神面貌的变化，或许更能感受到人们对美好生活追寻过程中，商业创造的生生不息。

从"吃不饱、穿不暖"到穿着时尚个性和科学、健康饮食；居住环境从"拥挤狭小"到"宽敞明亮"，出行

---

[1] 中共中央马克思恩格斯列宁斯大林著作编译局. 马克思恩格斯选集（第1卷）[M]. 北京：人民出版社，2012：159.

方面更是从"基本靠走"到了"立体交通",消费实现了全面升级,社会消费品零售总额从1978年的1527.5亿元增长到2021年的440823亿元,增长了280多倍。我们国家的主要矛盾也从"人民日益增长的物质文化需要同落后的社会生产之间的矛盾"转化为"人民日益增长的美好生活需要和不平衡不充分的发展之间的矛盾"。与此相伴随的是数十年间社会生产方式和生产关系的改变,是企业这一组织形式的全面崛起,是生产力的极大解放。

人们对美好生活的追求和企业的发展是彼此互为支撑和助力的螺旋上升关系。

因此,消费升级是必然趋势,这不随产业发展、技术变化和经济周期的变化而改变,是企业长期发展必须认清楚的大势。之所以强调这个观点,是因为在经济下行压力增大或者产业变轨中,企业对"美好生活永恒进行"的不坚定性可能会让其错失发展良机。

2018年前后,榨菜、方便面、二锅头等基础低价产品销量大增,汽车销量出现了28年来的首次下降,"消费降级"的观点很火爆。然而有另外三个事实不容忽视:一是在入门汽车一片颓势中,豪华车涨势喜人,2016—2018年,高端豪华车市场复合增长率高达14.8%;二是曾在年轻消费者崛起中有点力不从心的李宁和波司登们扛起了"国潮"的大旗，走向了时尚秀场，成为年轻人中的潮牌主理人。三是互联网的普及应用中，有97%的国土面积和近10亿的人口数量的下沉市场消费被激活，并展现出巨大的体量。将这些加总在一起才是真实而又完整的消费全貌。个性化新消费、高端品质是消费升级的含义，乡村振兴也让下沉市场迎来一个新的消费时代，它们都是中国消费的未来[1]。

过去几年，新冠疫情给产销同步的消费服务带来很大冲击，但人们对美好生活的向往并没有改变，"宅经济""智生活""云办公"等新的生活方式和工作方式涌现出来。传统服务一片裁员哀嚎中，依托于数字经济的新服务逆势增长。

对一个企业而言，认清"消费升级"的本质有很大可能性迎来转型发展或者顺势崛起，否则极有可能随着新老产业的分化而陷入困境。

美好生活永恒向前，企业要跟上历史的节拍，从中找寻持续发展的内在动力。

---

[1] 高蕊. 破局：中国服务经济15年崛起与突破之路[M]. 北京：中国友谊出版社，2021.

美好生活是目的更是过程

20世纪70年代,斯坦福研究所曾经提出一个问题:"在一个国家里,当基本物质需要用生产能力约3/4甚至1/2就可以满足时,就必须进行根本性的调整,使经济健康发展"。这正是近10年来我们很多企业所面临的外部环境,人们的物质生活得到极大满足,产能过剩问题突出,价格战甚嚣尘上,企业应该以一种什么样的方式进行新的价值创造,是企业实现可持续发展需要考虑的深层问题。

这就需要回到我们本节探讨的重点,**美好生活是目的更是过程,企业的发展本质上是为人们对美好生活的追求提供一种解决方案。**

从底层逻辑讲,生意就是生活的意义。企业存在的价值是为了解决问题,成就客户。企业所提供的产品服务只是一个载体,应该将客户的真实需求和关切蕴含其中。日本企业将产品销售视为一个"赠物"的过程,不是简单地提供产品,而是把爱、惊喜和可靠交给客户。这具有很好的借鉴意义。

解决方案不仅关注当下,还要着眼期待和未来。市场的持续扩张依赖的是美好生活的多样性、动态性和隐藏性。从物质到精神,从产品到服务,人们需求的多样性在动态演进中不断丰富并显现出来，企业在满足这些表象需求的过程中实现了发展。而那些连人们自身都还没有意识到的隐性的、潜在的需求才是企业跨越周期需要解锁的密码。因此，企业在满足需求的同时要学会创造需求。很多先人一步的企业正是着眼于此，做出了令人惊艳的产品和服务。乔布斯说，"我们的责任是提前一步搞清楚他们将来想要什么"，苹果手机的伟大几乎无人质疑。亨利·福特自然也没有从消费者需求的表象出发，提供一匹"跑得更快的马"，而是生产出了人们能够消费得起的T型汽车。在10年之前，人们可能也不会想到用微信社交、用共享出行、用手机支付、在线上购物和办公，这些现在已经很普通的生活方式，得益于腾讯、阿里巴巴的创造力。

解决方案不仅要着眼于客户的需求，还有顾客参与共创的愿望。这是亚里士多德所说的"最高的善"，是一种根植于灵魂的动力。冯·希普尔教授在1988年就提出"用户是创新者"的观点，提出领先用户也是创新的主要承担者。互联网消灭了时空距离，减少了信息差，用户的知情权和话语权被放大，被动的消费显然已经不能满足其日益增长的个性化需求，企业必须转变思路，提升用户的参与感和决策感，要让用户成功。特斯拉开拓了自营保险业务，区别于传统车辆保费要和车辆价格、车主年龄等相关，特斯拉依靠在车内安装的安全评分系统来收取保险费。车主安全驾驶习惯越好，保费越低，开车越激进，保费越高。科大讯飞的定位从早年的"用人工智能改变美好世界"升级为今天的"用人工智能建设美好世界"，从之前的"我很强"，逐渐演变为"我能让你变得很强"，再到"我们一起创造美好世界"，这正是对成就客户的美好诠释。企业要对客户的需求、产品使用过程进行预设和想象，打造互动场景，让产品在和用户交互的过程中产生黏性，进行迭代优化。

解决方案不仅着眼于表象，更要充满人文关怀，要真正重视人的生存、尊严、价值、个性、理想、命运等，与客户、与员工产生连接和共鸣。**美好生活通过人也是为了人，人在价值上与事实上都构成了美好生活的主体。**人文关怀是企业和客户的心理距离，也是企业和员工的期待距离，是企业需要通过持续创新、持续探索方能精进的。就像鲍德里亚在《消费社会》中说的："人们对物的消费，实质上是消费物所承载的符号意义。"标准化在酒店业并不稀缺，个性化却需要一线员工的共情。亚朵倡导品质生活方式，强调人文关怀的起点不是客户，而是员工。每个员工哪怕是保洁员每月也有 500 元的额度，可以为任何客户解决问题，而无需任何解释。这种信任和赋能终会转化成一流的服务体验。很多企业正从激活员工和客户关怀做出探索，本质正是对"以人为本"的回应。

美好生活应当成为商业信仰

美好生活是人类最基本最朴素的追求，其永恒性是人类进步的最大动力。如果商业能为人类追求更美好生活做出根本性的价值创造，那它的永续性也能被创造出来。这是在任何时候我们都能确信的大趋势和基本逻辑。企业应当将服务美好生活，创造美好社会，增强人类福祉作为其社会理想，应当以此建立组织信仰，设计商业模式，确定和外界的相处方式。这不仅是穿越周期，跨越危机，实现可持续成长的智慧选择，更是区别与其他企业的最深护城河。

组织信仰是企业对自身存在价值的宣告，信奉并坚持的一种信念，无法物化，却像组织的气息和血液一样重要。当一个企业真正地将自身发展融合于美好生活、驱动人类进步，那么企业一定能展现出某种不同，并给客户、员工等利益相关者带来感染力。

将创造美好生活视为组织信仰，让茅忠群重新确立方太的"航线",用整整一千斤辣椒"炒出了"不跑烟的油烟机;让国家电网不断提升供电服务水平,让用电更安全、更便捷、更智能;让平安好医生为远隔千里的患者和医生建立沟通渠道,获得医疗建议;让公牛打定主意要做"安全""用不坏"的高品质插座,以此保持了持续多年的高增长。这是品牌心智的力量,是用户感受到的企业"某种不同"在起作用。

企业和美好生活的连接,不局限于产品和服务的表象,更是商业理念的体现;不只是通过客户,还有更多的利益相关者,这些是决定产品和服务能否伟大的重要因素。泰康把虚拟保险与实体医养相结合,把"从摇篮到天堂"的理想变为现实的商业。提供风力技术服务的远景科技携手合作伙伴,推动降低绿氢成本,让绿氢成为可行的化石燃料替代品。拼多多全力投入乡村市场,培训农民,完善物流基础设施,支持农业技术研发,打造更强大的从农场到客户的食品供应链。这些企业分属不同行业,面向不同客户,不仅有消费端产业,还有基础设施和工业,但它们遵循着共同的商业信仰,共同促进了美好生活"成色"的提高。

如果说人们对美好生活的追求为企业的发展提供一个永续性航道,那么企业跑得好不好,能不能持续地跑

下去则依赖于奔跑过程中所信奉的价值理念，依赖于企业与所有利益相关者的互动方式。 布鲁诺·罗奇指出，造车是为了给人类提供流动性，但你必须考虑社会生态里的其他因素，如城市、政府、自行车、行人等。如果只是为造车而造车，就忘掉了为人类出行服务的根本目的。当前我们国家正在践行"创新、协调、绿色、开放、共享"的新发展理念，这是实现美好生活、建设美好社会的路径遵从，也是企业价值创造方式的一个标尺和边界。

持续成长是正确的姿势

我们在企业之外，从"人们对美好生活的向往"这一人类社会发展的基本点出发，探究了商业的永续价值，讨论了商业在美好生活创造过程中的生生不息。回到企业之内，企业也需要坚持持续成长，以应对各种不确定性，跨越成长周期，并在做大和做强做优之间寻求应有平衡，在长期主义信仰与脚踏实地创造和发展中找到正确的姿势。

当前，外部环境充满不确定性，乌卡化（VUCA的音译）特征不断凸显，新技术革命方兴未艾，"黑天鹅"

与"灰犀牛"事件频现,叠加在经济本身的长周期和短周期中,企业面临更多的新赛道、新产业,也面临不少的新挑战和新风险,影响企业成长的变量不断增多,变量本身也变得出其不意。**在这种不确定性的环境中,企业要有保持稳定性的能力,要不断增长,持续精进来应对变化。**柯林斯和汉森在研究"十倍领先企业"时提出了"20英里征途"原理原则[①]。从美国西海岸的圣地亚哥到美国东北部边境缅因州,这基本上是美国大陆上最长的距离,大约有3000英里。这段路程地貌非常复杂,而且经常会遇到各种天气变化。那走完这段路程最好的方法是什么呢?答案是:日行20英里。这样算下来,走完整个行程大概需要150天,也就是5个月左右。实际上,走这段路的人,有激进者,开始就用力太猛,但往往都走不远;也有抱怨者,在困境中没能坚持下来。能真正走完全程的,往往是自控者,是无论在何种外部环境中都保持稳定速度前进的高度自律者。在企业成长中,也是如此,无论外部环境如何,都能有可持续的增长速度,在逆境时要坚持高绩效的增长,顺境时也不要过度消耗。持续增长是企业要坚守的第一原则,是企业要跨越周期

---

① [美]吉姆·柯林斯,[美]莫滕·T.汉森.选择成就卓越[M].陈召强,译.北京:中信出版社,2012.

的最大稳定性。企业只有保持足够增长，才可以应对外部变化，超越外部变化。

更为重要的是，在增长中修正企业的认知水平、优化组织能力和创新能力，远比在衰退或者停摆时期来得更加容易和安全，进而达到企业表象的增长和内在精进的双重进步。这也正是本书想强调的，**企业持续成长，积累的不只是规模，还有能力。**

受到研究惯性及数据可获得性不足的影响，表征企业成长时大多时候还是局限在规模层面的做大，对做强做优讨论关注不充分，这也常常受到舆论的诟病。实际上，对企业而言，做大和做强、做优缺一不可。尤其是对中国的大企业而言，在不少领域中，规模实力和竞争能力还都有待进步。不能因为"大而不强"的批评而不顾规模的重要性，规模的存量和增量是企业抗风险能力和提升竞争力的基础，也不能让做强和做大出现时间上的先后次序，而是应该注重增长的节奏，在增长中提升能力，做到成长不局限于增长。企业创新的实力、文化的底蕴、组织的优化、品牌的形象等能力建设并非朝夕之间能够获得，而是在时间的加持下，在规模的积累中不断地磨炼、积淀和迭代才能形成。这正是持续成长的要义。未来随着技术的进步和人类生活的日新月异，企业必须保持这种持续成长的水平和能力，才能和整个社会的快节奏变化同频共振，才能立于不败之地。

企业持续成长追求的是一种结果，追求的是有质有量的滔滔不绝的气势。实际上，持续成长首先是坚持长期主义的理念，其次是正确的落地方法，最后才是自然产生的结果。**长期主义的成长理念首先解决的是，企业竞争能力的构建是在空间维度上的争夺战，还是时间维度上的积累战**。因为时间尺度不一样，对现实的考量就会不一样，与外部环境和利益相关者进行连接和互动的方式，对战略、文化、组织、创新、员工等诸多维度做出的落地安排就会不一样。企业也自然呈现出不同的成长结果。

当空间维度上的竞争日趋激烈，可利用的资源和竞争方式日益拥挤时，在时间维度上做出的路径选择就会拥有更强的隔离机制。当然，空间维度和时间维度并不矛盾。持续成长强调的是在三维的物理空间中加入时间维，以四维空间来定义企业的存在价值。这将决定着企业的时空定位和事业选择，这让企业会有更强的创造美好生活、造福美好社会的动力，并确定可以持续付诸努力的核心事业，让企业认识到与其寄希望于进入一个高收益率和半衰期长的行业，不如建立一种持续迭代的能力，建立一种能够在困境中突围的勇气。同时也决定着企业将以时间复利，而不仅仅是成本收益来平衡长期发展和短期绩效，这会驱使企业有更强的战略定力，建立休戚与共的组织模式，进行有意义的创新、不断优化文化系统，提升员工活力等。

持续成长的创造逻辑

本书强调企业持续成长，所讨论的内容，都是围绕持续性这一目标，在一般性管理学常识的基础上，去挖掘那些"做强、做大、做优、做久"的企业应该遵从的战略选择、模式构建、组织安排、人员激励、创新突破和企业家特质等。本书想阐述的观点全都基于此，那就是获得持续成长，而不是获得短期暴利的方法。

第一，企业需要不断优化自身定位，重新确立价值创造逻辑。当前，企业面临的成长环境和过去相比已经大不相同。万物互联一体，员工个体自我独立、自我价值崛起成为显性特质，新的消费主张要求顾客参与到价值创造过程之中。在更广泛的社会层面，因企业日渐强大的影响力而被赋予了更高的要求和期待，企业发展依赖于与社会的共生融合。企业持续成长，就必须要探索如何用更好的模式连接好利益相关者，实现商业价值和社会价值的统一。在这些变化中，企业要不断优化其基本假设，在复杂的环境中寻找满意解，以制度建设和文化系统的凝聚力，建立与利益相关群体互动的机制，不断优化、固化持续成长的底层支柱。

第二，要打一场持久战，是要给时间以价值。选择赛道，就是选择一个从长期来看不关乎成功或者失败，只决定可以付诸行为的领域。企业对行业或者赛道的认知要以客户需求为前提。企业进入其中，应该是基于这类客户的需求提供某种产品和服务，不要依赖甚至于迷信行业本身带来的红利，不论身处怎么样的行业或者周期中，都不要躺平或者内卷，纵使大水中的大鱼也是精心培育的结果。

第三，要保有战略定力。但战略定力不一定等于业务聚焦，更不是固守一个产品或者服务，不去做多元化拓展，而是要基于构建可持续地为客户创造价值的能力做调整和优化。战略定力要有远见卓识，要在看准方向后不轻言放弃，并进行持续投入和探索。战略定力必须以客户为起点，要聚焦客户，企业发展的根本是客户需求的存在，而不是其他。

第四，要有跨越周期的意识。无论是外部的经济周期、技术周期和政策周期，还是内部的产品周期和成长生命周期，企业要在不确定性中寻找确定性，建立短期和长期之间的平衡，要坚守活着的底线，要跨越成长的陷阱。同时要摒弃短视、奋力抵御危机、不迷恋既有优势，不断突破成长障碍。

第五，要进行有意义的创新。创新是第一动力，往往意味着真金白银的投入，意味着向前探索和转换赛道中的未知风险，那么企业如何切实将创新转换成实实在在的价值创造能力就变得至关重要。坚持投入、越过锋刃的创新态度，以迭代和优化解决实际问题的创新原则，以边缘孵化，跨越 S 曲线的创新方式等正是企业有益的创新探索，也是企业保持活力和持续成长的密码。这个过程中，需要点燃每一个利益相关的组织和个体，尤其是员工的创新意识和企业家精神。

第六，企业家是至关重要的。无论是基本假设的重塑，共生型组织的建设，还是战略定力的坚守、创新和活力，都是非常挑剔的企业行为选择，依赖于处于企业核心地位的领导者有长期主义的坚定信念，有持续创造的成事之心，需要其能够遵从基本的商业规则和伦理，有强大的定力和高度自律性，要有危机感、要清醒和克制且能够不断学习和自我超越。

第七，企业以服务美好生活、创造美好生活为己任，并在人们对美好生活的永恒追求中，实现生意的生生不息。要怀揣改变世界的伟大梦想，并付诸正确行动，依靠技术进步，以好的产品和服务为承载，和利益相关者一起，真诚地解决社会问题，成为建设美好世界的领导者，在这个过程中实现企业的持续成长。

CHAPTER 2

第二章
赛道选择

择高处立，就平处坐，向宽处行。

——左宗棠题江苏省无锡梅园

企业实践中，往往信奉"大水里才有大鱼，大产业才能做成大企业"，会费尽心力地进入那些蕴藏巨大商机的热门赛道。本章无意去判断赛道的冷热，告诉读者"企业值得投资的十大领域"，而是想讨论在赛道选择中的一些基本逻辑。

必须承认的是，赛道能够影响到企业在一个时期的利润水平，进而还会影响到企业在一个时期能否享受到外部环境的红利期，这对于企业至关重要，尤其是对初创期的企业而言，决定了其能否活下去。但如果将赛道叠加到时间的维度，就会发现每一个行业都会不可避免地经历高低起伏。于持续成长而言，短期的红利是蜜糖，也可能是砒霜。想想在移动互联浪潮和双创中那些辉煌的佼佼者，有多少经历了"眼看他起高楼、眼看他宴宾客、眼看他楼塌了"的短暂命运。因此，我们更关注在不同行业那些长期主义者的共性，以及那些在同一个行业表现出巨大差异，能够基业长青企业的企业个性。这些才是企业持续成长的密码。

选择赛道，就是选择一个从长期来看不关乎成功或者失败，只决定可以付诸行为的领域。正像本书最开始所强调的那样，我们的假设前提是企业持续成长，而不是一夜暴富，更不是昙花一现。相比选择什么样的赛道，认识到赛道选择过程中的一些必然性，更为重要。因为企业要打的是一场持久战，要给时间以价值。

中国企业500强的行业分布

中国企业500强分布广泛，农业、工业、服务业，B端、C端，传统、新兴，技术密集型、劳动密集型都有所涉及。从横截面看，"2023中国企业500强各行业入围企业数量"（见表2-1）这份榜单上的企业包括70多个统计局口径的小类行业，可见中国经济中有不少"大水"和"大产业"可以让企业大展拳脚。

表2-1 2023中国企业500强各行业入围企业数量

单位：家

行业名称	企业数量	行业名称	企业数量	行业名称	企业数量
黑色冶金	47	互联网服务	7	纺织印染	2
房屋建筑	26	服装及其他纺织品	6	半导体、集成电路及面板制造	2
一般有色	24	金属品商贸	6	兵器制造	2
石化及炼焦	23	计算机及办公设备	5	船舶制造	2
商业银行	21	软件和信息技术（IT）	5	水务	2

（续表）

行业名称	企业数量	行业名称	企业数量	行业名称	企业数量
化学原料及化学品制造	19	食品	4	农产品及食品批发	2
煤炭采掘及采选业	18	酒类	4	连锁超市及百货	2
多元化投资	17	造纸及包装	4	汽车摩托车零售	2
汽车及零配件制造	16	水泥及玻璃制造	4	医药及医疗器材零售	2
土木工程建筑	16	贵金属	4	农林牧渔业	1
综合商贸	13	工业机械及设备制造	4	轮胎及橡胶制品	1
住宅地产	13	能源矿产商贸	4	医疗设备制造	1
通信设备制造	11	化工医药商贸	4	锅炉及动力装备制造	1
金属制品加工	10	多元化金融	4	工程机械及零部件	1
电力电气设备制造	10	综合服务业	4	轨道交通设备及零部件制造	1
公路运输	10	石油、天然气开采及生产业	3	铁路运输	1
农副食品	9	药品制造	3	水上运输	1
家用电器制造	9	电线电缆制造	3	邮政	1

（续表）

行业名称	企业数量	行业名称	企业数量	行业名称	企业数量
化学纤维制造	9	动力和储能电池	3	机电商贸	1
综合能源供应	9	航空航天	3	生活消费品商贸	1
物流及供应链	9	电网	3	生产资料商贸	1
电力生产	8	港口服务	3	园区地产	1
风能、太阳能设备制造	8	航空运输	3	人力资源服务	1
保险业	8	电信服务	3		
综合制造业	7	饮料	2		

中国企业500强群体创造出了高速成长奇迹。2021年[①]，中国企业500强群体的营业收入达到了102.48万亿元，突破了百万亿元大关。而在2001年，入围榜单的500强企业营业收入总额只有6.08万亿元。20年间，增长了15.9倍，年均增长水平为15.17%。观察这期间营业收入年均复合增长率最高的20家企业，最低也达到了28.45%的高水平。它们有的站在互联网和信息技术等新

---

① 此处的2021年，指的是中国企业500强群体在这一年的经营水平，对应的榜单发布年份是2022年榜单，即2022中国企业500强榜单。

经济前沿，阿里巴巴、京东和腾讯的复合增长率分别达到了47.1%、40.4%和37.72%的，排名第一、第三和第四，还有更多分布在传统行业中，比如钢铁行业的青山控股集团有限公司，建材行业的中国建材集团有限公司；炼化行业的恒力集团有限公司和盛虹控股集团有限公司；地产行业的碧桂园控股有限公司和龙湖集团控股有限公司，如表2-2所示。这些企业巨头的成长让我们看到了"唯行业"论英雄的局限性，也应当看到社会发展进程中的多元化需求和机会。企业百花齐放，人类福祉才能提升。

表2-2 2002—2021中国企业500强中营业收入年均复合增长率最高的20家企业[①]

排名	企业名称	复合增长率/%	上榜次数/次
1	阿里巴巴集团控股有限公司	47.10	7
2	正威国际集团有限公司	40.59	13
3	北京京东世纪贸易有限公司	40.40	8
4	腾讯控股有限公司	37.72	10
5	恒力集团有限公司	37.30	14
6	碧桂园控股有限公司	33.47	6

---

① 基于自2002年榜单发布至2021年发布的20年间的中国企业500强营业收入数据，并剔除上榜次数少于5次的企业，形成此榜单。

(续表)

排名	企业名称	复合增长率/%	上榜次数/次
7	珠海华发集团有限公司	33.11	6
8	重庆市金科投资控股(集团)有限责任公司	32.54	9
9	青山控股集团有限公司	31.76	12
10	中南控股集团有限公司	31.24	12
11	恒大集团有限公司	31.01	16
12	盛虹控股集团有限公司	30.72	13
13	绿地控股集团股份有限公司	30.47	20
14	中国华润有限公司	30.07	20
15	浙江吉利控股集团有限公司	30.04	20
16	厦门象屿集团有限公司	29.75	15
17	厦门国贸控股集团有限公司	28.97	18
18	中国建材集团有限公司	28.92	20
19	苏宁控股集团	28.73	20
20	龙湖集团控股有限公司	28.45	11

长半衰期是做出来的

凭时间赢得的东西，时间会为之作证。

物理学中有一个"半衰期"的概念，是指随着放射的进行，放射强度将按指数曲线下降，放射性强度达到原值一半所需要的时间叫作同位素的半衰期。半衰期越长，衰变越慢，原子越稳定。将此概念镜像到企业成长领域，半衰期长的领域更容易带来长久的价值。半衰期长当然是一个好的选择，但事实上，受到技术进步、政策变化以及需求支撑等因素影响，任何一个行业都不可能处于持续的上升期和平顺期，一定是高低起伏，区别只在于周期的长短和波峰波谷高低的差异。与此同时，必须承认并不是所有的企业都能如此幸运，在高点进入低点退。企业新进入一个行业，往往是"天时地利人和"的结果，并非企业的一厢情愿，具有很强的偶然性。有时，企业在某一个领域的乘势崛起甚至是"无心插柳柳成荫"。况且，加上时间维度来考量，从农业种植、生产制造到各类服务，每一个行业都和人们的生产、生活息息相关、不可或缺，都有长期存在的必要性，都是能够养大鱼的大水，每一个行业都不应该被简单地划定为夕阳产业。只要符合人类需要，符合常识和基本的商业逻辑，就是值得做的正确事儿。

在这样一个基本观点下，有四个问题需要进一步讨论。

第一，企业对行业的认知要以客户需求为前提。企业进入一个行业，应该是基于这类客户的需求提供某种产品和服务，而不是统计分类中的热门行业或者各类机构所推崇的赛道，行业或者赛道本身不应该成为企业一劳永逸的依赖，客户源源不断的需求才是企业成长的永动机。如此，那些不被看好的夕阳产业也会熠熠生辉。比如家电行业，是传统又夕阳的行业代表。很多企业在20世纪90年代流行的"四大件"中崛起，后又在竞争白热化和产品过剩中走下坡路，甚至退场。但反观家电行业的变化，早已经从"彩电、冰箱、洗衣机、空调"的四大件变成了"洗碗机、烘干机、净水系统、新风系统"新四大件，从只卖家电产品，转向构建智能化的消费场景。这背后是时代进步中人们生活的变迁，是人们对生活品质的向往。而那些一直在场上的佼佼者正是需求变化的捕获者，也是人们美好生活的成就者。

第二，大水中的大鱼是精心培育的，不是放养的结果。企业身处其中，要不断的发现需求，创造需求，解决问题，蓄积能力，在"大水"中不断提升存在的价值。否则纵使在一个幸运的时间点进入到了行业的高收益期，也并非所有的企业都能享受到高收益值。过去20多年，信息技术行业飞速发展，处于持续的上升周期中。因此，有人将华为所取得的成绩，乃至敢于高强度投入研发的原因归功于此。然而信息通信制造行业并非只有华为一家企业，交出漂亮答卷的却屈指可数。即使是华为，其成长曲线也不是保持了固定斜率的直线，而是在不断探索中的螺旋上升。换另外一个角度说，在内外各种综合因素的作用下处于普遍被认为是低收益水平的行业中，也依然有企业实现了远超出行业水平的增长能力和利润水平。

第三，行业的边界是动态的，企业必须接受这种变化，并且为此做好准备，尤其是在技术进步和技术变革中，行业属性可能会发生重大变化。过去十多年间，新一代信息技术给很多行业带来了颠覆式影响，很多制造业企业从关注产品本身的效率和质量，转向关注从用户场景出发来进行产品研发、制造和维护，进行全生命周期管理。产品朝向智能化、网联化和服务化发展，制造业的边界因此不断拓宽。很多服务行业也被重塑，也不乏被冲击逐渐没落者，或被催生壮大者。前者如纸媒，后者如外卖，服务业从依赖于服务人员的接触式和个性化服务，朝向自动化、远程化和标准化转型，服务业的"硬度"不断提升。这些转型和发展变化，有的已经超出制造和服务本身的属性，其行业发展逻辑也发生了深刻的变化。典型如餐饮业，因为中央厨房的普及和预制菜的出现，难以划定它们是服务业还是制造业。从长期来说，没有哪一个行业是一本万利的，更没有哪个行业是常青和持续辉煌的。

而这些变化很难说好坏，区别只是企业的故步自封，还是积极应对。因此，我们要旗帜鲜明地强调，"长半衰期"是企业做出来的，要踏踏实实坚守这个行业的客户需求，并不断强化其核心能力。就像这几年传媒行业的跌宕起伏，其终究不变的是内容这一核心价值，纸媒和互联网只是传播渠道不同而已。在技术浪潮中坚挺着的，依然还是那些坚信"内容为王"的媒体机构。

终究大不过经济时代

我们强调企业将精力更多用于修炼内功，在任何一个赛道中都积极应对。但不是说企业只是"低头拉车，而不抬头看路"。

一方面，客户需求具有鲜明的时代性，企业必须紧跟时代步伐；另一方面企业的成长节奏、成长方式，与历史阶段具有很强的耦合性。企业既要有远大的理想追求，又要认识到个体的渺小如沧海一粟，终究大不过时代，大不过历史阶段性。观察"2002—2022中国企业500强"的榜单，那些持续在榜者，钢铁、基建、房地产、汽车占了近半数，这印证了21世纪以来我们国家城镇化、工业化这一经济发展的主航道。再看那些在不同时间榜单中崛起者或者主导者，2005年的贸易零售、食品饮料、家电企业，2010年的房地产、钢铁、汽车企业，2015年的建筑、互联网、物流，2020年之后的先进制造业、供应链服务等，显示出我们国家从制造业到服务业、从轻工制造到重工制造再到先进制造的产业发展进程，如表2-3所示。

表2-3 2002—2022中国企业500强中典型行业入围企业数量 单位：个

年份 行业	2005	2010	2015	2020	2022
建筑业	38	37	49	48	47
食品饮料	36	18	17	17	18
钢铁	4	58	50	39	50
家电	26	9	10	7	8
物流	6	6	9	7	14
外贸	39	31	26	27	28
零售	32	19	22	14	7
互联网服务	0	0	4	13	11
汽车制造	5	18	16	19	16
房地产	1	10	16	26	18
电子通信制造	17	10	9	10	15

那些历史的创造者，也是时代的契合者。

这是企业在任何一个行业耕耘、收获的前提，也是我们想尝试跳出行业，站在更高一点的维度来讨论那些企业成长中需要遵从的产业发展中的一些规律性，要正视的一些客观性问题。

首先要强调的是，企业成长要尊重外部经济环境这一重要现实，尊重整个国家所处的经济发展阶段。很多企业往往没落于成长节奏和外部环境的不合拍，衰败于成长方式的过度粗放或者过度集约。企业成长是理性的，故步自封显然是对现实的不尊重，妄自尊大也是一种不适配。企业需要把握好和经济环境、发展阶段相适应的节拍。

我们赞颂那些坚定价值创造理念、坚守成长节奏的优质企业，比如在房地产行业蒙眼狂奔时代强调只赚"合理利润"的万科，在当前市场遇冷，一众房企遭遇危机时，能够从容不迫、保持稳健的态势，令人叹服。但不得不承认，即使是万科，在房地产市场的黄金十年，也有着远超很多行业的增长速度和利润水平。

再放到更大的背景中看，21世纪的前10年，我国经济几乎每年都保持了两位数的高速增长水平，企业也像坐上了电梯一样，快速增长，快速做大。此时中国企业 500 强的营业收入年均增长率集中在 20%～30%，这是国家整体发展阶段给企业带来的成长机会和成长速度，企业想慢下来都不容易。随后，中国经济从高速增长转向高质量发展，经济增长水平维持在 6%～7%，大部分 500 强企业的规模增长水平也都随之出现明显下降。

外部经济环境影响的不仅是企业成长的速度和方式，还有在企业成长中无比重要的创新行为。在企业创新实践中强调要"领先半步"。步子迈得太大时，容易陷入外部环境不支持、上下游不匹配的困境中，创新不但不能领先，反而可能成为先烈。节奏和程度的"过度"导致与行业、产业链上下游和宏观经济的不适配，从而陷入危局。另一个层面看，成功的创新一定是因为恰好契合了时代的需求，解决了产业链上下游的痛点。痛点在众多需求中具有鲜明的急迫性和刚性。需求的满足依赖于外部环境契合和客户重视的双重达成。

"双循环"是近年来的经济流行语。国家层面在国内外环境发生显著变化的大背景下，提出加快构建以国内大循环为主体、国内国际双循环相互促进的新发展格局。其中有两层意思，第一，要把内需放在首位，国内大循环做成主体；第二，国内国际双循环相互促进，推动我国开放型经济向更高层次发展。这将成为很长一个时期内企业在做市场定位战略调整、组织变革的大背景。"双循环"的背景至少在需求锚定和政策支撑两个变量中对产业的走势起到很大的影响作用。

物流行业的发展能够很好地说明这个问题。

过去十多年间,物流行业迎来了前所未有的高速发展,尤其是面向 C 端(代表消费者)的快递已经极尽便利,并走在世界前列。据统计,2021 年社会物流总费用占全国 GDP 的比重为 14.6%,远高于发达国家 8% 左右的水平。这主要是因为面向 B 端(代表企业或商家)的一体化供应链还存在短板和弱项,物流行业的小、散、乱特征依旧明显。这是产业层面的发展现实。"双循环"的部署要求我们国家必须建设现代流通体系,并着眼于国民经济的基础性、先导性和战略性的定位来发展物流产业。一方面,是物流产业要作为扩大内需的战略基点,要畅通经济循环;另一方面,在国内国际双循环中,也要不断增强物流产业的国际化能力。这些是物流产业在"双循环"背景下发展的底层逻辑。对于身处其中的物流企业而言,既面临整个产业发展不平衡不充分的内在需求,要深化与制造业、商贸业、农业等产业的融合,打通供应链关键环节,提升物流产业在国民经济运行中的基础性作用,同时也面临着全行业更大范围和更深层次的大并购和大整合。

这正是国家宏观变化给产业发展、给企业战略带来的深层次影响。

客观看待产业发展的困境

新一代信息技术、高端装备、新能源汽车等战略性新兴产业是产业发展的方向，国家未来竞争能力的保障。我们国家高度重视，在2009年就出台了《国务院关于加快培育和发展战略性新兴产业的决定》，后经过"十二五""十三五"时期，到现在的"十四五"时期，将近15年的大力推动，战略性新兴产业增加值在2022年，占国内生产总值比重也刚刚超过13%。这背后有很多因素，但有三点值得关注。第一，从0到1的发展和突破非常困难，需要沉下心来，进行持续不断的努力。第二，高端产业或者新兴产业的发展初期，往往意味着市场空间相对较小，对就业和经济增长还没有产生明显的边际影响。因而，高、中、低端产业如何平衡，新旧业态如何协同，考验的不仅是产业竞争能力的构建，还有国家整体的发展和稳定。从长期来看，传统产业的转型升级和新兴产业的培育发展是并行的，不能笼统将传统产业视为低端产业简单退出。第三，要看到，当前传统产业依然是中国经济的主要力量，以数字化手段实现其改造升级不仅是宏观经济增长的重要手段，也是推动产业高端化的重要路径，并在这一过程中实现产业数字化和数字产业化的协同发展。

过去很多年，提起我们国家的产业发展，总是有点"恨铁不成钢"的焦虑感。在多年的中国企业500强工作中，往往面临中国大企业大都是"傻大黑粗"的尴尬。中国已经成为全球第二大经济体，GDP已经超过百万亿元。2022年中国企业500强的营业收入规模基本追平美国企业500强；资产总额已经连续两年超过美国企业500强；中国企业500强中有244家千亿级企业，比美国还多6家。但相比较而言，我们的优势产业和主导产业链还并不充足，并没有跨越历史阶段性。

通过中美两国企业500强的对比看，我们国家的500强大企业具有以下特征。

第一，我国大企业产业偏重。2022中国企业500强的前十大产业集中在钢铁、建筑、石化、银行、有色、地产、化学制造、汽车制造和煤炭采掘，企业数量为225家，占500强比重的45%。同期美国500强中的前十大行业集中在保险、能源、零售、银行、化学制造、半导体制造、制药、多元化金融和互联网服务领域，企业合计数量为176家，占比为35.2%。尽管过去这些年，我国大企业的产业结构持续优化，但仍旧集中在重化工业。美国大企业则在能源、金融和互联网领域继续增强优势。

第二，产业发育程度还有待提高。以金融行业为例，多年来，我国金融业高利润问题受到广泛关注。2022中国500强中37家金融企业的净利润合计占比44.42%；同期美国企业500强的金融企业高达102家，净利润合计占比为30.37%，其金融企业数量更高，但利润占比更低。再从金融业内部结构看，美国的102家金融企业中，有保险51家、多元化金融13家、商业银行18家、证券12家和金融数据服务8家。而中国企业500强中有商业银行21家、保险企业10家、多元化金融6家。比较而言，美国金融业态数量更多、多样性程度更高，尤其是金融数据企业有较大发展。我国金融业的发展不仅是高利润的问题，还有发育程度不高，业态不丰富、与其他产业紧密度不高等问题。因此，金融业的发展不仅仅是一刀切式地对实体经济让利，而是要基于金融本质的发展壮大。

第三，产业链布局的深度和广度不够。中国企业

500强中有两条明显的优势产业链，分别是围绕工程建筑、钢铁、建材和房地产形成的基建链条，相关企业数量分别是47家、55家和18家，合计120家；另一条是围绕石油开采、炼化、化学纤维制造的石化链条，相关企业数量分别是3家、23家和22家，合计48家。美国企业500强中则有三条优势产业链，分别是以电子硬件制造、信息技术服务和互联网服务三大领域的ICT产业链条，相关企业数量分别是25家、22家和13家，合计60家；由医药制造、医药流通、医疗保健和健康保险四大领域构成的大健康产业链条，相关企业数量分别是21家、5家、15家和21家，合计62家；由能源生产、运输、服务三大领域形成的能源产业链条，相关企业合计56家。比较而言，美国的三条产业链更加面向科技、安全和未来。

中美大企业在产业中表现出的差异性，既有中美两国处于不同经济发展阶段和不同产业发展进程的因素，也要看到我国大企业在价值创造能力和产业话语权不足等方面有亟待突破的短板。过去多年来，我国大企业更加注重规模的扩张，基于构建可持续价值创造能力的积累不足，产品和服务的价值增值率不足，整体获利水平较低。受到价值创造能力的掣肘，大企业在高利润行业或者环节拓展不足，进一步加剧了与美国大企业的利润差距。

按照产业进程的一般规律，产业的结构大都是从以农业为主导，逐步过渡到轻工业、重工业为主导，再到服务业和信息产业为主导。从工业化发展阶段看，也由前工业化时期、工业化初期、工业化中期、工业化后期和后工业化时期五个阶段构成。在理论界和舆论界有一种共识，我们国家的产业进程具有叠加性、压缩性、并联性，并非简单的高级阶段对低级阶段的代替，而是要后来者居上，把"失去的二百年"找回来，工业化、信息化、城镇化、农业现代化叠加发展、并联发展。在宏观上"并联式"发展的大背景下，各种类型的企业百花齐放，纵使同一个产业形态也因为中西部、城镇农村在发展中存在的巨大差异性，而具有空间层面的机遇和活力。这些都是事实，也给企业的成长带来很大的想象空间。

从另一个层面来说，恰恰是"并联式"和高度"压缩式"的发展特征对我国企业提出了更高的要求和挑战。在需要时间蓄能和经验积累的企业成长层面、产业发展层面，往往存着产业结构从低级向高级发展阶段的难以逾越性。这需要企业具有清醒的认知。

产业发展的大融合

从不同维度来说，结构方面，服务业和制造业的优劣；技术层面，数字经济和实体经济的选择；空间层面，国内市场还是全球市场的取舍，都是企业锚定一个产业或者赛道时需要面临的问题。需要注意的是，时间是这些问题解决时需要关注的一个显著变量。放到10年之前，这些不同维度的产业和赛道或许还是此消彼长的关系，在今天乃至未来很长一段时间，都表现为协同、融合和共生。再放到更久的时间中，可能又会出现某种分离和独立式发展。立足当下，现在的产业发展中正在出现多维度的大融合和大协同。

服务业和制造业融合

当前，在宏观经济发展中出现了以服务业和制造业并重的发展态势，呈现出"你中有我、我中有你"的局面。如此，大企业的产业属性越发模糊，仅以制造业或者服务业来划分企业将越发困难。

制造和服务作为两种不同的业态，企业在实践中探索出三种融合发展的路径。

一是，以制造业企业为主导融入更多服务要素，大力探索服务型制造。

制造业是经济发展的基础，保持制造业比例的基本稳定，是当前国家层面的重大战略。制造企业发展要兼顾竞争能力和规模扩张的双重提高，实现又好又快发展。服务型制造作为工业化进程中先进制造与现代服务深度融合形成的新型产业形态，是当前我们国家制造业企业发展中已经显现出来的重要趋势。制造业企业由提供产品制造为核心向提供产品和服务并重，向提供解决方案转变，既可满足客户个性化需求，又能沿着价值链向两端攀升，甚至于推动整体微笑曲线的向上提升。

一批制造企业形成了服务型制造发展的有益实践。杭氧集团股份有限公司（以下简称杭氧）是空气分离设备制造企业，一套设备售价千万元起，而且设备的运行管理需要配备一个专业团队，销售难度和成本压力都很大。杭氧转变思路，在石化、冶金等企业周边投资建设专业的工业气体生产工厂，向客户提供氧气、氮气等各类气体，形成典型的由卖产品设备向卖"产品+服务"转变，在强服务的同时，获得了持续的现金流，也提升了产品附加值。

二是，现代服务业企业向制造端延伸，努力实现服

务产品化。

在价值链上处于主导地位的服务业企业，也正凭借其技术、管理、销售渠道等优势，通过生产、连锁经营等方式嵌入制造环节。比如，研发企业拥有自己的发明专利、设计机构拥有自主创新设计、物流公司拥有自己的网络，他们利用自身在产业链关键环节的控制力，纷纷建立起自己的制造工厂，寻求全产业价值链的掌控和增值。

比如近年来崛起的供应服务企业，它们依托上下游的采购分销优势，平台化聚集、整合能力，有向制造端拓展的更多可能。怡亚通构建出了一个包含全国网络管道的380平台，提供消费品分销服务和营销服务，同时也在采购端为生产者所需各类原材料找货、比价，并做好库存管理、物流供应和资金融通的服务。在服务好制造商的同时，怡亚通也尝试利用联通产业链上下游的采购、分销优势，孵化产品。其中"钓鱼台珍品壹号"白酒，在上市当年销售额就达到了近3亿元，是流通服务商向品牌制造商的有益探索。

三是，孵化分离，企业实现裂变发展。

很多大企业集团依托于强大的生态系统和孵化能力，将服务业务或者制造业务分离出来，在服务自身的同时，也供给行业，甚至其他产业，培育成新的业务增长点，实现多条 S 曲线的接续增长。

生产性服务环节的高价值成为共识，但从上游的设计研发，制造环节的安装、维护、管理，到下游的品牌营销、报废处理等往往涉及复杂的工艺和流程，存在着较强的行业壁垒，新进入者往往比较困难，而那些在制造领域多年，对行业运转有着深刻理解的制造龙头企业，更有机会和能力将相关服务进行剥离，并提供社会化服务。工业互联网是一个突出代表，海尔的卡奥斯工业互联网平台，航天科工的航天云网、三一重工的树根互联，这三个诞生于传统制造业的服务巨头已经成为国内一流的工业互联网平台。钢铁巨头宝钢集团主动顺应产业互联的发展进程，孵化出钢铁电商平台欧冶云商，致力于构建集交易、物流、加工、知识、数据和技术等综合服务为一体的钢铁产业互联网平台。

数字经济与实体经济融合

在互联网爆发式增长的 2014 年前后，从理论到实践，对实体经济和虚拟经济之间发展的不平衡、不协同充满了担忧，对二者的此消彼长充满了争论。从宏观层面到微观个体，都清楚虚拟经济的强大和可持续发展必须依托于实体经济的根基，但其给人们生活方式带来的新鲜体验、给就业方式带来的灵活选择、给个体财富带来的强大刺激还是超越了理智和清醒，互联网行业有了近乎蒙眼狂奔的发展。这个过程中，社会整体层面也付出了不小的代价，比如共享单车重复投入带来的资源浪费，新型员工的社会保障和安全困境，P2P不规范发展给很多人带来的财富损失等等。与此同时，这样的飞速发展也很快催生了消费互联的饱和，向产业互联过渡，并成为经济社会发展的新型基础设施。互联网也有了能够更加符合各方期待的发展方向，那就是数字经济。

当前，实体和虚拟之争已经很微弱，取代的是二者的深度融合。党的二十大报告中提出，要坚持把发展经济的着力点放在实体经济上，也不是要发展传统意义上的实体经济，而是要发展实现数字化、网络化和智能化转型后生产率大幅提升的新实体经济。数字经济和实体经济的融合，也在推进实体经济业务逻辑重构、组织形态变革、价值模式创新，驱动实体经济质量变革、效率变革、动力变革和生产方式变革。数字经济也有了更大的用武之地，那就是在产业层面，用基础设施般的力量、用对成长逻辑的重构去推动实体经济的高质量发展。与此同时，数字经济具有了更合理的存在价值，并成为代表未来、代表安全、代表国家竞争力的重要产业。

国内和国际双协同

国内和国际，这看似是空间概念，不是产业范畴。之所以放到此处，是因为本书想强调的是，产业的发展是需求导向的结果，是技术和政策支撑的结果，甚至是地缘政治、大国博弈的结果，产业的发展趋势受到这几种力量共同影响，不同力量之间又因为相互影响、相互叠加，而成为观察产业走向难以忽视的外在因素。

在此前需要明确是的，国内国际两个市场的循环和协同是长效的，甚至不以任何国家主体的意志为转移的规律。即使前文提到的"双循环"战略，明确要构建国内大循环的主体地位，也并非闭门搞建设，而是在政策充分开放，国内外技术、人才等充分合作的基础上提升国内大循环的发展质量。因此，产业发展要考虑国内和国际的协同融合这一长期趋势，或者说在国内和国际的融合中寻找新的产业机会。

一方面，当前服务业和制造业的融合、数字经济和实体经济的融合趋势在全球范围内都已经呈现出来，产业之间的融合将跨越更广泛的地域和时空，企业面临更多的机会，当然也有更多的挑战。

另一方面，国际市场的融合和协同面临复杂的地缘政治因素、动态比较优势等考量。产业的发展并非本国战略的一厢情愿。比较明显的例子是，近些年来受到劳动力成本上升影响，不少附加值低的劳动密集型产业向东南亚国家迁移。短期内，我国的加工制造业面临一定困境。从长期全球产业分工的角度来看，这实际是一种良性的"溢出"，对我国制造业产业向高端发展起到一种倒逼机制。

要看一些现象和优势

近年来，我们国家的企业在成长中，有一种"天生国际化"现象，对此是个鲜明的注脚。

"天生国际化"，顾名思义就是企业成立初期就进入国际市场并从中获得了相当部分的收入，这是区别于传统阶段化和渐进式国际贸易的一种新的类型。这一概念最早出现在1993年麦肯锡提供给澳大利亚制造业委员会的报告中。报告指出，80%的澳大利亚新兴出口企业为中小企业，这其中有20%～25%在成立初期就开始国际化经营。

随后很多制造领域的"天生国际化"企业在西方发达

国家被研究发现，但在我国尚不多见。一方面，"天生国际化"企业往往依赖于核心技术、提供高附加值产品，我国的经济发展现实支撑不足。另一方面，很多西方国家受限于本国市场规模的有限性，企业成长必须依赖于国际市场，而我国超大规模市场一直是客观存在，国际化的速度相对较慢。因此，我国企业国际化发展大都遵循一个渐进式过程，从简单出口贸易到海外投资设厂，从单一国家逐步走向全球化市场。尽管广东、浙江等地区涌现出了众多小型出口企业，但它们大都依靠贸易商进行国际拓展，或者依靠"两头在外"的模式被动地将产品推向国际市场，也不是真正意义上的"天生国际化"。

相比制造业在全球化进程中的显著崛起而言，我国服务业的发展相对落后，加之服务业产销同步的特殊性，在成立之初就放眼全球市场，利用多国资源开展国际化经营就更加困难。然而近几年，在全球移动互联的浪潮中，一批在国内鲜为人知的新兴科技服务企业在成立不久就在海外市场获得了爆发式的增长。

赤子城网络技术有限公司（以下简称赤子城科技）作为其中一员，是社交领域的领头者。

2014年，自嘲只会写程序的两位创始人在公司成立不久就将一款极简AI桌面工具Solo Launcher上架到 Google Play 商店，在国际市场大热，很快积累数以亿计的数据。Solo Launcher 除了能对手机桌面整理优化，还具备个性化推荐资讯、视频的功能，这对将用户数据转化成更具价值的用户画像构建和算法迭代至关重要。

工具型业务能快速获客但粘性不高是行业共识。赤子城科技很快转型，带着用户流量和 AI 能力向深海拓展，切入到社交领域，并顺应西方文化中直接、开放的特点进入到了音视频社交赛道，推出了 Yumy、MICO、YoHo 等拳头产品，在终端消费领域打造了数十款面向全球用户的优质 App，并以社交业务为核心，为全球用户提供线上交流互动服务，累计服务 200 多个国家和地区的超过 13 亿全球用户。

如果说赤子城科技选择"天生国际化"源于数字经济浪潮下的机遇和企业在赛道选择上的战略眼光，并获得了在国际市场生存的初步经验，那么其持续成长则依赖于更加扎实的技术能力和管理能力。

和熟人社交向一个超级 App 平台高度集中不同，开放式社交更趋向于利基市场，场景多元、产品多元才能获得长尾经济的红利，同时也有利于其通过不同产品实现"接力棒式"的增长。那么，如何保质保量地做好多地域多产品就成为持续成长的关键。早在"工具时代"就确定的强技术路线，支撑赤子城科技打造了一体化的中台体系，将可复用的技术和经验形成流程和能力，支持产品的快速研发迭代和业务的全球运营。赤子城科技以多元化的产品策略和中台支撑下的本地化服务来克服全球化市场的复杂性，实现技术与业务的良性循环，正探索出一条可复制、可持续的发展之路。

与此同时，本地化是全球化经营中必须建立的能力，也是当前我国企业面临的短板。对于早早进入国际市场，身在互联网科技服务行业的赤子城科技而言更加重要。着眼于此，赤子城科技在全球搭建了十多个运营中心，切实从理解并尊重当地文化出发，搭建熟悉本地的人才队伍和经营团队，提供满足当地个性化需求的产品，同时履行当地的社会责任。赤子城科技也从最开始的以工具类App产品远程投放模式逐渐成长为扎根当地、服务当地的国际土著。

以赤子城科技为代表的新兴服务企业在全球移动互联的浪潮中，以各式各样的工具类产品在海外市场快速聚拢人气，又在通信硬件、社交、电商、文化等领域不断深耕，增强着用户黏性，以互联网产品影响着现实世界，展现着中国文化，丰富着中国企业形象。在"全球化"这道必答题上，它们正以蚂蚁雄兵的力量，走出一条区别于传统的国际化发展道路。

花了很长的篇幅来讨论赤子城科技和"天生国际化"现象，是因为这种新的现象背后有企业需要关注的一些内在逻辑，以及可以依靠的发展优势，可以抓住的发展机会。

赤子城科技们主动选择"天生国际化"得益于我国数字经济领域先发优势的支撑。过去10多年间，互联网相关业态实现了爆发式发展，受益于庞大的国内市场规模和先进的通信基础设施，我国互联网业态实现了很多领域的领跑，遇到了新产业发展中的难题，也积累了丰富经验和技术壁垒，一定程度上具有"降维打击"的优势。数字经济天然连接海量数据和巨量用户，不同国家地域之间的基础设施和发展进程存在着较大差异，全球数据驱动的服务贸易为世界经济带来的效率提升空间和对生产生活的改善比国内还要大，这也正是领先企业的空间梯度发展机遇。

这是我国在推动数字经济发展中的持续积淀和积极探索的成果，也要看到这背后是中国经济实力的支撑，也是中国文化的给养。

第一，我国企业在数字经济发展中的经验积累和人才储备将推动出海企业进一步提升产品创新和迭代能力，进而提升国际化的速度。国际化经营中，选择母国而非东道国的创新资源来开发产品的根本原因在于母国在研发成本、资源配套和产业政策等方面所具有的相对优势。过去的十多年间，我国高度重视发展数字经济，并将其上升为国家战略，在基础设施、技术突破和以"互联网+"为代表的产业协同等方面部署推动数字经济发展，并在不少领域都实现了国际领先，在技术、人才、产业链等方面具有明显优势，为企业深度参与全球数字经济提供了重要基石。正是如此，赤子城科技们快速进入国际市场，依靠丰富的人才储备和经验在国内搭建了中台体系，来丰富产品矩阵、拓展市场版图、优化经营效率，远程赋能国际化经营。当前，出海企业正依托于此，加速步伐、加快产品创新和迭代优化，服务海外民众，在全球掀起更大的"数字中国风"。

第二，我国企业艰苦奋斗的精神和兼容并蓄的文化将推动出海企业进一步做好本地化经营，进而拓展国际化的深度。广阔的全球地域中，本地化既是国际经营层面的需要，也是同一商业在国际市场落地生根、百花齐放的应有之义。社交、泛娱乐和重度游戏这些直击用户的业态发展中，本地化运营成为不能回避的命题。相比于一套系统打天下的标准化模式，一城一池的本地化深入开拓运营更需要长期主义精神和艰苦奋斗的意志。以赤子城科技为代表的很多企业已经走在了国际土著的路上，并扎根当地、创造就业机会，带动当地产业发展。中国企业是善于经营的，愿意"放低姿态"真正尊重不同市场的需求，而这背后是中国文化中"和而不同"的精神内核，是本地化能力建设的根本支撑。与此同时，也要看到多年国际化进程中培养的国际化人才，形成的国际化经验，将对中国文化给本地化经营带来的给养中，起到很强的正向调节作用

第三，我国企业在"天生国际化"中摸索的模式和路径将推动出海企业进一步扩大服务贸易总量，优化贸易结构，进而提升国际化的广度。服务业走向全球化也被认为是一个国家国际经营较为高级的阶段。赤子城科技们在海外市场获得的爆发式增长，打破了人们对渐进式传统国际化路径的认识，也打破了服务业往往要依赖制造产品"走出去"的伴随式和衍生式国际化路径。赤子城科技们正以涓涓细流的力量探索出新型国际化发展模式，提升着服务业国际化质量，缩小着服务贸易的逆差，让更多的消费者记住"中国服务"和"中国品牌"，看到更多的"中国力量"。

我们并不是鼓励所有企业在成立之初就一定要推进国际化，而是要在互联网浪潮的联通格局和世界一体化进程中看到产业发展的这样一种可能性，要看到国际国内协同和融合的势不可当，看到中国经济、文化在国际化发展中的支撑力量，以及这个过程中如何利用优势寻求机会，巩固优势。

CHAPTER 3

第三章
战略定力

盖将自其变者而观之,则天地曾不能以一瞬;
自其不变者而观之,则物与我皆无尽也,
而又何羡乎!

——苏东坡《赤壁赋》

外界环境的变化，企业自身的更替，使企业在成长中总是会面临各式各样的机会和诱惑，当然也有困难、波折。尤其是数字经济兴起，热点和风口一拨一拨令人应接不暇，给企业带来了迅速做大的机会，也令一部分企业深处"颠覆"和"打击"之中。这比以往任何一次技术革命带来的商业变迁和迭代更替都更迅猛和壮烈。因此，当我们选定一个产业领域、锚定一个发展赛道后，要强调"战略定力"，阐明企业做出战略调整的逻辑和基础。

"拥抱变化"，有时候还不如立足于"不变"。

来自企业 500 强"常青树"的实践

2002—2023 中国企业 500 强连续上榜的部分企业名单（见表 3-1），我们发现海尔、海信、正泰、新希望、华为、万向等长达 20 年在榜单中的一批企业，它们表现出了高于行业、跨越周期的成长水平。考虑到这些"常青树"中的国有企业一部分处于自然垄断或者因为历史原因有不同程度的行政垄断，我们剔除了这部分企业，来做一个观察。

研究这些企业的战略管理经验，更有助于我们讨论企业持续成长的战略逻辑。

表 3-1　2002—2023 中国企业 500 强连续上榜的部分企业名单

序号	企业名称	行业	所有制
1	重庆建工投资控股有限责任公司	房屋建筑	国有
2	中粮集团有限公司	农副食品	国有
3	中国中化控股有限责任公司	化学品	国有
4	中国建材集团有限公司	水泥及玻璃	国有
5	中国机械工业集团有限公司	机械设备	国有
6	中国华润有限公司	综合服务	国有
7	中国第一汽车集团有限公司	汽车及零配件	国有
8	正泰集团股份有限公司	电力电气设备	民营
9	浙江吉利控股集团有限公司	汽车及零配件	民营
10	北京城建集团有限责任公司	房屋建筑	国有
11	雅戈尔集团股份有限公司	服装纺织	民营
12	新余钢铁集团有限公司	钢铁	国有
13	新希望集团有限公司	农副食品	民营
14	新疆广汇实业投资有限责任公司	汽车及零配件	民营
15	万洲国际有限公司	食品饮料	民营
16	万向集团公司	汽车及零配件	民营
17	四川长虹电子控股集团有限公司	家用电器	国有
18	四川省宜宾五粮液集团有限公司	食品饮料	国有
19	四川华西集团有限公司	工程建筑	国有

（续表）

序号	企业名称	行业	所有制
20	首钢集团有限公司	钢铁	国有
21	申能（集团）有限公司	能源供应	国有
22	上海汽车集团股份有限公司	汽车及零配件	国有
23	上海建工集团股份有限公司	房屋建筑	国有
24	上海华谊（集团）公司	化学品	国有
25	杉杉控股有限公司	综合制造业	民营
26	三房巷集团有限公司	化学品	民营
27	宁波富邦控股集团有限公司	综合制造业	民营
28	内蒙古伊利实业集团股份有限公司	食品饮料	民营
29	南山集团有限公司	一般有色	民营
30	南京钢铁集团有限公司	钢铁	民营
31	绿地控股集团股份有限公司	住宅地产	国有
32	联想控股股份有限公司	多元化投资	民营
33	酒泉钢铁（集团）有限责任公司	钢铁	国有
34	江苏沙钢集团有限公司	钢铁	民营
35	江铃汽车集团有限公司	汽车及零配件	国有
36	华夏银行股份有限公司	商业银行	国有
37	华为技术有限公司	通信设备制造	民营
38	湖南华菱钢铁集团有限责任公司	钢铁	国有

（续表）

序号	企业名称	行业	所有制
39	杭州钢铁集团有限公司	钢铁	国有
40	海信集团有限公司	家用电器	民营
41	海尔集团公司	家用电器	民营
42	广州市建筑集团有限公司	房屋建筑	国有
43	广州汽车工业集团有限公司	汽车及零配件	国有
44	光明食品（集团）有限公司	食品饮料	国有
45	复星国际有限公司	多元化投资	民营
46	福建省三钢（集团）有限责任公司	钢铁	国有
47	东风汽车集团有限公司	汽车及零配件	国有
48	德力西集团有限公司	电力电气设备	民营
49	北京汽车集团有限公司	汽车及零配件	国有
50	北京建工集团有限责任公司	房屋建筑	国有

从战略定位和所处领域看，这些500强榜单中的"常青树"企业分布领域非常广泛，既有在过去20年间处于行业扩张期的汽车、钢铁、房地产、通信、机械设备等，也有相对稳定的家电、食品、农产品、电力电气、银行等行业，当然也还有经历大涨大落、起伏变化的新能源、轻工制造等。然而，即使处于扩张期的这些行业也都经历过很多大小不同的周期，并非一马平川。因此，

我们尝试提出，战略定位不要依赖甚至于迷信行业本身带来的红利，不论身处怎么样的行业或者周期中，都不要躺平或者内卷，而是要保持平常心。

从战略选择和业务调整上看，这些500强榜单中的"常青树"在主业和能力建设上都表现出了极强的专注力。且不论其中的国有企业主业调整要受到监管机构的规制，持续在榜的民营企业面对业务多元化和很多赚快钱的机会，也是表现出了很强的克制力。这些常青树的专注力大概可以分为两类。一类是以海尔、正泰、伊利、德力西等为代表的企业在主业中持续耕耘。比如正泰自1984年成立以来，从低压元器件到高压输配电设备，再到太阳能光伏电站，始终围绕一个"电"字加加减减。还有一类是以海信为代表基于某种核心能力做范围经济。海信成立50年来，业务发生不小调整，从白色家电到交通、医疗，从C端到B端，看似业务范围发生大幅调整，但其背后是以显示和图像处理技术为核心能力的持续强化和深度应用。核心能力作为"通用"的专长，具有溢出效应，用于当前业务组合或者潜在领域，能够帮助企业构建出竞争优势。基于此，我们得到一个初步的观点：战略定力不一定等于业务聚焦，更不是固守一个产品或者服务，不去做多元化拓展，而是要基于构建可持续的价值创造能力做调整和优化。

从战略落地和战略实施看，这些500强榜单中的"常青树"并非一帆风顺，很多都经历过异常艰难的时期，都经历过很长时间的投入和积累，而在短期并没有明显回报。华为这几年经受的来自国家级的封锁自不必言说。2009年正泰进军新能源不久，就遭遇了全球光伏产业的冰点，已投入20亿元的薄膜太阳能电池业务在当时大热的房地产机会面前几乎要被放弃。但正泰选择了坚持大方向，并充分发挥全产业链和系统集成优势，整合思路，形成了"建电站收电费卖服务"的盈利模式。海信更是在10多年前就开始了智能化技术投入和业务布局，最终从家电企业转向科技企业。因此，我们认为：战略定力要有远见卓识，更要在看准方向后不轻言放弃，并进行持续投入和探索。

带着从这些"常青树"企业成长中观察到的企业在战略定力方面的基本认知，我们将在更广泛的企业层面进一步讨论。

客户至上是战略起点

企业发展的根本不是因为创业者的愿望、先进的技术、优秀的人才、最新的设备，而是因为需求的存在，是因为企业能帮助客户解决他们关切的问题。西奥多·莱维特在《营销短视症》中强调，铁路停止增长，不是因为客运和货物运输的需求萎缩了，而是因为这些需求被其他工具满足了，其根源是铁路公司认为自己做的是铁路生意而不是运输生意，是目标定位的失败。一个行业始于客户及其需求，而不是专利或者产品。

行业的本质是某一类客户需求的集合。

因此，战略定力要聚焦客户，从客户需求出发，以优化现有业务或者开展新的业务为手段，为客户创造持续价值。

深耕于一个领域只是战略定力的表象。其背后的战略逻辑是要不断地去研究客户、取悦客户、痴迷于客户，资源要素和组织方式再以倒推的方式展开，在满足客户需求过程中寻找长期价值，弄清商业模式的底层逻辑，然后义无反顾地走下去。做一只在风口的猪或者调整方向、收缩战线不一定是短期主义的表现。重要的是，动机是机会主义还是为满足构建持续创造价值的能力？显然，后者是企业能够持续成长的基础。

人们眼中的长期主义者亚马逊，在1997年上市之初，贝佐斯作为CEO就写了一封"致股东的信"，首提

"长期主义",并解释了"长期价值"的核心逻辑[1]。贝佐斯判断,电子商务为用户节省了钱和时间,未来会有大约15%零售商业会被移到网上。客户选择亚马逊是因为"商品品类丰富、操作简单、价格低廉和服务优质"。因此,亚马逊的战略逻辑就是:要在用户增长、客户回头率等方面保持领先,更快达到规模效应和更低的边际成本,不断增加投入来增强服务客户的根基,提升品牌形象,最终形成低成本的优质服务和客户增长相互促进的飞轮效应。依照于此,亚马逊确实获得了成功,但这不是唯一的原因。

客户至上,往往是在行业的上升期或者企业各项指标都表现优异时,企业经营实践的准绳。在经营困难的时候,客户利益会有很大可能被放弃以保存企业实力。在这样的"关键"时期,企业的行动更能体现"客户至上"的含金量,也更能决定企业未来走向。

2000年前后,互联网泡沫破裂,全球资本市场普遍看衰互联网前景。此时亚马逊股价缩水80%,飞轮效应尚未实现。面临巨大的财务压力,贝佐斯选择围绕用户体验聚焦资源,控制成本同时加速增长。一方面,利用

---

[1] 宁向东,刘小华. 亚马逊编年史(1994—2020)[M]. 北京:中信出版社,2021.

技术提高周转效率，最大化现金流；另一方面，砍掉无益于增加用户体验的支出，比如广告投入，同时坚持降价和包邮，提升用户价值，加速获客。两年后，亚马逊的"增长飞轮"良性循环了起来，不仅扛过此次危机，更是为日后的指数级增长打下了基础。

在"钱紧"的时候把钱"花对"，非常考验企业家的长期思维和战略定力。**拥有正确的战略逻辑是企业保持战略定力的前提**。贝佐斯坦言，实行包邮的第一年，亚马逊损失惨重，没有数据证明这是值得的。他坚持的依据只有两个信息：用户的正面反馈，以及1997年信中的那个长期主义的价值创造逻辑。《亚马逊编年史》的作者宁向东教授说，长期主义的本质是把底层逻辑想明白了，你才会有坚持。如果2000年互联网泡沫中亚马逊"死"了，它还是不是长期主义？那它也是长期主义，因为就算不是亚马逊跑出来，其他企业也能跑出来。

近年来，以陕鼓、杭氧、三一重工为代表的一批服务型制造企业脱颖而出，它们跑通了一条制造业转型升级的有效路径。这些企业由"卖产品设备"向"卖产品+服务"转变，向提供"设备租赁服务"转变，甚至还把厂房建在了客户的"家门口"，为客户提供高质量的系统解决方案。它们的战略定力不是以产品为导向，当然

第三章 战略定力

也不是以"产品+服务"为导向,而是以客户需求为导向,从微笑曲线的低端延着价值链向两端攀升,在和市场客户的紧密互动中,提供更加精准的产品服务,实现企业的良性持续发展。

从亚马逊到这些典型的服务型制造企业,都是锚定客户需求,明确企业定位,获得持续成长的典型。正确的定位是制定战略的前提,也是企业保持战略定力的基础。**定位的核心是做谁的生意,并为之提供什么样的产品和服务**。在上一章,我们讨论过企业进入一个产业的偶然性,但在一个产业中持续挖掘和满足客户需求却具有极大的确定性,这也是同一个产业企业表现出巨大差异的根本原因。

定位如此重要,那么我们有必要进一步追问,谁是企业的客户?要满足的是什么需求?

在前面的讨论中,能很容易总结出,**具有某一类需求的主体的集合就是客户**。企业提供产品服务,满足需求,获得报酬,实现增长。愿意为企业的产品和服务付费的人当然是客户。然而,在商业模式不断创新中,商业面临越来多的复杂性,企业所面临的付费者和产品服务的直接使用者可能是两个主体,甚至是多个主体。我们有必要站在更广泛的层面考量企业所面临的客户是谁?

很多人想到的可能会是在互联网商业的广泛创新中，形成的"羊毛出在猪身上，狗来买单"的流量收割或者变现的模式。比如一个 App 依靠优质的文字、视听等免费内容积累了大量的用户或者说是流量，那么这个 App 很可能做的一个事情就是加入广告位，为广告主提供曝光机会。这是当前非常典型的流量转化模式，付费者和视频内容的观看者是两个群体。那么谁是客户？如何锚定需求呢？当然广告主是客户！内容的观看者，或者称为流量，则是产品。更确切地说，是优质的文字、试听内容和由此吸引而来的内容观看者，共同构成了这些 App 的产品。**文字、视听内容的作用不仅是吸引观看者，更重要的是留住和筛选观看者**。尤其是当这个商业模式中没有能够引入广告商时，文字、试听内容本身就要和这些潜在的目标客户形成强关联和强吸引，进而打造具有鲜明特征和足够黏性的流量，如此形成的流量和付费者之间才会具有很大的契合性。

客户是谁？**是本应清晰但却在复杂的商业中越来越模糊，是企业在商业模式不断创新中企业要面临的现实。然而，定位客户，是一切的前提。**

在传统的战略思维中，是以打败对手为战略出发点。这是一种非此即彼的生存逻辑。当前，世界万物互联，相互依存，个体之间休戚与共，企业战略逻辑的出发点应该是为用户创造价值，为了用户的极致价值整合所有相关资源，围绕用户结成一个有效的价值网络。进化论中的适者生存让我们误以为只有竞争能够生存，实际上长久的生存在于合作，任何物种创新都不能仅凭一己之力，企业成长也是如此，要以开放的心态，进行价值创造和共赢合作，才能有可能保有优势地位。这也正是企业面临需求和客户复杂性的商业准则。

或许，企业应该把每一个利益相关者都作为客户，或者说要用价值创造的思维来和每一个利益相关者进行互动。

四维时空中的远大理想

数字经济浪潮中，企业竞争优势的构建与发掘正从行业内的竞合转向行业外的生态构建，从种内竞争转向种间的跨界协作。如果说这是企业从二维到三维的成长逻辑的转变，那么在持续成长的探讨中，企业竞争力的构建需要再加上一个时间维度。借用爱因斯坦的观点，即宇宙是由三维空间和一维时间组成的"四维时空"的概念，我们强调企业的战略定位需要站在四维时空中，不仅关注同行种内，种间跨界，还要有基于时间维度的判定。

在时间维度的成长逻辑中，要认准一个方向持续精进，赢得未来，还要学会拒绝短期诱惑。2001年执掌京东方的王东升预判到了显像管产业被新技术替代的危机，没有去发掘这个行业最后的红利，而是毫不犹豫进入了TFT-LCD（薄膜晶体管液晶显示屏）领域，带领企业开始了一段艰难曲折，但厚积薄发的发展史。京东方一方面在产业低谷中采取扩张战略，逆势收购韩国面板业务，另一方面持续自主创新，在财务逻辑的巨大压力下毫不动摇地对高世代产线进行巨额投资。最终进入了研发投入和产业升级的螺旋上升期，实现了市场地位的反超。2020年第一季度，京东方显示屏的出货量占到全球市场规模的24.6%，并进入了苹果、三星、荣耀等多家厂商供应链体系[1]，解决了中国电子信息产业面临的"缺心少屏"困境中的"少屏"难题。

"放弃"和"投入"是一体两面，其内在逻辑是一致的。那就是用四维时空看世界，胸怀远大理想，矢志不渝的坚守。

---

[1] 中国管理模式50人+论坛，华夏基石管理咨询集团. 长期主义价值共生：解码中国管理模式2020［M］. 北京：机械工业出版社，2022.

1996年泰康成立的时候,保险在我国还属于新鲜事物,而当时在美国企业500强中已经有十几家保险企业。正如杨杜教授所说的,"要站在后天看明天,我们要立足未来,设计未来"[1]。近30年间,在广阔的保险市场中,泰康确实获得了持续增长。在坚守主业的同时,泰康也以保险为圆心,持续向外画圈,从寿险到医疗和养老,再到大健康产业,不断扩围。然而,这背后始终没有背离的是对人的健康、养老的关注,遵从的是通过业务板块的丰富来不断提升对康养的服务能力。创始人陈东升说泰康的成长逻辑是基于"长期看人口趋势、中期看产业结构、短期看宏观政策"[2]的判断。首先,宏观政策原则上不影响企业的定位与长期战略,企业只需要进行短期策略的调整。其次,从人口的结构和需求变化看,我国中产人群不断壮大,人均寿命不断延长,大部分人的需求将从衣食住行转向娱教医养。再次,从产业层面看,工业社会、消费社会和数字社会三期叠加,我国正从工业时代向服务时代转型。最后,泰康从保险起步,将企业发展的航道定位在了"娱教医养"为主导的大消费服

---

[1] 杨杜,等.中国企业大趋势:站在后天看明天[J].企业管理,2019(10).
[2] 陈东升.战略决定一切[J].哈佛商业评论(中文版),2020,9.

务产业中。因为这里面拥有足够多的客户。

从大水中寻找大鱼来服务，来寻找做生意的机会，在历史的跨度和时间的发展进程中寻找企业的定位，需要企业有战略眼光，更要有足够的战略定力守住主业，静待花开。

当企业有了定力，就可以对外界的变化做出相对准确的判断，不会受外部变化的干扰。王东升和陈东升莫不是如此，或许接触并进入一个行业是受到很多限制性条件和随机性因素影响，但他们都从时间的维度锚定住了产业大势，保持住了足够内在的稳定性，才能感知整个世界，从而与之相处。

需要强调的是，**战略定力不是要受困在一个行业，不是故步自封**。数字技术的出现让每一个企业都活在超越行业的背景之下，行业本身的边界和定义在不断发生变化。当传统制造拥抱互联网，出现了韩都衣舍和小米，你很难定义这是互联网企业还是制造业企业。但这并不重要，终究只是我们探讨的战略定力的表象。客户需求的本质才是重点，才是战略选择的出发点。企业需要在时间的长河中，持续穿透行业边界、赛道选择等表象，不惶恐于技术带来的打击或者赋能等，不断精准地为客户画像，把握客户需求的本质。这是时间之于持续为客户创造价值的意义。

过去，我们经常听到一种观点，选择大于努力。实际上，努力是最正确的选择。要在选择后努力，在努力后才有更多选择。战略定力不是壮烈和悲情，不是一场赌博，更不是不撞南墙不回头，而是选择在长期深耕的领域持续，扎根于管理实践，不管环境如何风云变幻，都有"我自岿然不动"的气势。

长期主义的管理安排

经营目标或者行为的选择总是存在于时间背景和预期假设中，企业的任期制度、绩效考核和激励措施等，往往导致执行者会选择在某一个时期的利益最大化，这是"理性"的选择。《最好的告别》中有一句话发人深省，"我们如何使用时间，可能取决于我们觉得自己还有多少时间"。这是人们对生命阶段的深刻表达，也解释了企业的一些看似不被理解的短期主义行为。即使是面对"组织能力建设需要持之以恒"这样的基本常识，如果没有强大的文化氛围和机制保障，也只是纸上谈兵。因此，长期主义不仅是一种信念，更是保证这种信念在整个组织内得以系统实施的战略架构和机制安排。

《华为基本法》的第一条就提出"为了使华为成为世界一流的设备供应商，我们将永远不进入信息服务业，通过无依赖的市场压力传递，使内部机制永远处于激活状态。"不仅如此，《华为基本法》还囊括了价值创造方式、价值评价方法和价值分配体系，这是从顶层设计的高度将华为推向长期主义的轨道。谷歌形成了 70/20/10 的资源配置原则，即将 70% 的资源配置给核心业务，20% 分配给新兴产品，剩下的 10% 投在全新产品探索上。同时还有"20% 时间"工作方式，允许工程师拿出 20% 的时间来研究自己喜欢的项目。谷歌的语音服务、谷歌新闻、谷歌地图等都是这 20% 的产物。

对广大企业而言，管理制度不仅是一把尺子，衡量员工和管理层的当下行为并做出相应的赏罚安排；还必须是指挥棒，是长久的增长机制、长远的能力建立机制、长效的考核机制、长期的利益分配机制，为企业可持续成长保驾护航。

穿透表象的价值创造力

选择长期主义、选择持续成长，不仅是一种取舍，更是一种能力。

在四维空间，确立远大理想，依赖于企业家的远见卓识和远大抱负，更依赖于持续成长的能力和战绩，要让各个利益相关方对企业长期价值的创造力，和以此为基础的企业的成长力和赢得未来的能力保有足够的信心，才不至于让远大理想束之高阁，才不会在远大抱负的追求中成为孤胆英雄。企业在预判创造价值的主航道后，要高筑墙、广积粮，然后征战未来。

价值创造是企业成长的基础已经具有广泛的共识。我们需要探究的是价值创造的实现路径。满足客户的现有需求、激发潜在需求是一切的起点。企业因此要提供物美价廉、便捷、安全、可靠等特征的产品和服务。那么又是什么决定和支撑了这样的产品和服务能够满足客户需求呢？是企业永远向前一步追问，客户需求背后的真正关切，要理清楚客户需要的是铁路还是铁路承载的运输服务；是明晰企业需要具备什么样的关键能力和关键要素才能满足客户的需求。企业需要把握这两个关键方面，才能够实现价值的持续创造和输出。

首先，价值创造力的关键要把握客户的需求内核，清楚业态的本质。

京东在2007年就开始重金投入物流，哪怕在长时间亏损的考验中，也依然坚守物流环节和供应链效率之于电商业态和电商用户重要性的信念。在激烈的行业竞争中，快速可靠的物流保障了京东能够带给用户优质的购物体验，强化了客户忠诚，在后来直播带货、市场下沉等新消费的角逐中，京东都借此保障了增长的稳定性。此外，还成就了在物流业务本身的竞争力，物流从"后勤"部门走向市场，服务平台商家和更广阔的群体。这是京东对客户需求向前一步的探索和对零售业态本质这一基本命题的洞察。

2016年，便利蜂成立的时候，传统线下零售正处于在互联网颠覆下此起彼伏的关店潮中，逆势入局，后又在新冠疫情中表现出了亮眼的成绩，2020年在北京地区实现整体盈利，所依赖的也正是对客户需求和便利店行业本质的把握。便利店作为最贴近本地生活服务的零售业态，从基础消费到"悦己消费"的升级中，超市大卖场和便利店已经呈现出此消彼长的态势。商品质量稳定性和便利性是客户的最大诉求，便利蜂在创立之初就确立了智慧决策和数字驱动模式，力求在"管货"和"管人"上所有决策都由数据和算法确定，并坚信用算法来优化便利店运营是行业的长期价值。同时，深度链接产业链资源，自建鲜食供应基地，投资鲜食工厂，在环环相扣的数字化应用中，保障每一件鲜食产品的踪迹都能完整溯源。由算法驱动一切，正在降低对人的依赖，降低对难以量化的经验积累与模糊判断的依赖，并构建出可复用可迁移的能力。这不但让便利蜂提升了运营效率，还有管理的标准性，产品、服务的稳定性。

其次，企业要不断夯实创造价值的能力，要给战略定力以足够大的信心和支撑。价值创造能力来自长期、持续的投入和积淀，难以一蹴而就，尤其是软实力的打造和核心能力的培育。要对战略资源做长期的投入，这是决定企业成长曲线的最重要变量。

恒瑞医药以丰富的研发管线[①]著称，比肩一众国际药企。众所周知，创新药投入大、周期长、风险高，产品从研发到上市往往需要10年以上的时间，成本更是难以计量。恒瑞医药以"科学为本，患者至上"的成长逻辑，把命运掌握在自己手里，即使困难时期，创新研发的血液也未停止流淌，并将其作为重大战略坚持下来。近年来，研发投入持续保持30%左右的高速增长，研发强度比例一直维持在20%上下，已基本形成了上市一批、临床一批、开发一批的良性循环，构筑起强大的自主研发能力。没有什么比创新领域的行动更能看出一个企业的

[①] 研发管线（Pipeline）通常是指某企业一批正处开发阶段的药物，包括临床前、临床研究等。

长期主义。寒冬或者低谷，都不会改变它们投入的步伐，它们只会争分夺秒，让自己越变越强。

华为之所以能成为具有全球竞争力的领先企业，在中美贸易摩擦中仍能够有回旋空间，基础在于对人才、技术、管理等软实力要素舍得投、连续投、长期投。企业蓬勃发展时期，"舍得投入"尚且容易，难得之处在于企业处于危机或者困境，仍能够坚持投入。无论是在并不富裕的时候引入IBM持续做管理变革，还是在美国打压中坚持人力资源政策保持常态，华为都展现出了长远的眼光和战略耐性。当企业进入"无人区"，探索价值创造空间时，在暂时不赚钱的事情上"傻投入"就变得更加必要。

值得强调的是，**每一个产品都是有生命周期的，企业要想赢得未来就要永远给客户以意想不到的惊喜，坚持巩固主业优势与发展创新业务相统一，创造更多的客户**。企业要做好业务组合，布局第二增长曲线，要在做强既有业务的同时，不断拓展新服务。从组织二元性（Organizational Ambidexterity）的视角看，探索式创新和利用式创新的交互作用对企业增长有积极正向的作用，一个企业同时挖掘新机会和有效管理现有业务能够增强企业对环境的适应性。因此，持续投入的过程，也

第三章 战略定力

是持续探索的过程，要允许和公司规模相适宜的失败率，要允许失败、接受损失，在制度设计上给予支撑，形成"鼓励创新、允许试错"的文化氛围。

华为每年把销售收入的10%～15%投入研究和开发中，并设定了0.5的收敛值。也就是说，新的项目、新的尝试要允许有50%的失败。亚马逊也有类似的原则：允许跟企业规模相适应的投资失败率，企业规模在增加，失败实验的规模也应该相应扩大。这里面有一定的风险投资的逻辑。事实上，亚马逊在用户阅读体验和送货"又快又好"这些事上持续投入，Kindle和AWS也确实都因此成为后来的支柱性业务。

海信成立50多年，从家电到智能交通和智能医疗，正是基于"技术立企"的战略理念和对人才投入的不遗余力。前董事长周厚健有句名言，"能招到人才，再贵也是利润；招不到人才，再便宜也是费用"。今天海信在激光显示的研发和商用领域都获得了很强的话语权，这源自2007年就开始的技术探索。据说在研发激光电视样机时，技术团队前后共做了13个方案，都失败了，最终发现是方案设计存在问题。这意味着之前的投入全部作废，必须推倒重来。但这样的"错误"并没有受到严厉指责或者惩罚，而"犯了这么多错误就畏首畏尾，不敢创新"

才是海信真正的担忧。于是，就如同人们后来看到的，海信继续拿出了第 14 个方案……

当企业知道是为了提高客户体验和创造价值而投资，知道在做正确的事儿，就会有机会实现翻盘和倍增。这是接受失败的前提和底气。

CHAPTER 4

第四章

跨越成长周期

长风破浪会有时,直挂云帆济沧海。

——李白

持续成长是时间的函数，但我们很难用时间的长短衡量。做百年企业还是50年企业，哪个应该成为企业追求的目标？在广受认可的长期主义理念中，也面临多久算是长期的困惑，20年还是50年？实际上我们应当锚定的是持续成长或者长期主义的精神内核，那就是企业对价值观和长远目标的坚守，是持续地为客户创造价值的能力，是能够跨越一个又一个"周期"的实力，实现高质量的长久活着。企业成长，有开始、成长和巅峰，也有衰落和终结。在这个过程中，企业既面临外部的经济周期、技术周期和政策周期调整，也受到内部的产品周期和成长生命周期的影响。在一个大周期迭代中，又由多个上下波动的小周期组成。旧周期里的部分强者可能会变成新周期里的弱者，弱者也有能够翻身一跃的机会。

持续成长就是要跨越一个一个小周期，经受住跌宕起伏的考验，最终实现在一个更长的周期内生生不息。

那些企业500强的退榜者差在哪里

自2002年中国企业联合会首次发布500强榜单，到2021年，共有1408家企业进入过中国企业500强榜单，连续20年保持上榜的企业仅有85家，这个比例不足20%。其余80%的企业要么没有跟上总体水平的速度成长，要么被兼并重组或者直接破产消亡[①]。再看美国企业500强，因发布时间更早，可以从更长的时间跨度看在榜者的含金量。据《财富》杂志统计，从1955年发布至2022年，已经有2200多家公司登上过榜单，但其中只有49家公司一年不落地连续上榜半个多世纪，这个比例不足10%。所谓基业长青，确实大不易。退榜或者衰落似乎成为企业的某种宿命，成为企业持续成长必须跨越的陷阱。

那么研究退榜者到底"差"在哪里，有助于我们解决持续成长路上的一些困境。那些"没跟上队伍"的落榜企业，主要有三种类型。这也是企业"持续活着"需要构筑的三条底线。

一是经营和管理能力滞后。这是企业持续成长必须解决的首要问题。曾出现在中国企业500强榜单，问鼎全球机床行业，打破日德技术垄断成为世界第一的沈阳机床，因企业自身的经营能力不足，没能扛住所在行业的低迷周期，走上下坡路，连续多年陷入亏损泥潭。企业长期发展必然要经历从创业到成长、成熟的各个阶段，

[①] 李建明，杨杜. 打造全球竞争力：中国企业500强20年风雨岁月（2002—2021）[M]. 北京：企业管理出版社，2021.

在外部环境的风云变幻中，企业必须从机会导向和依靠领导者个人能力转向能够整合各类资源要素的管理系统，去激发组织活力。企业要构建承载企业生命的"骨架"——管理体系底线。

二是激进和冒进主义。在很多时候，企业的积极谋略和"不作不死"往往是事后的评价，孤勇者在很多时候是企业家精神的冒险。"激进和冒进"看似批评，在业务上实质很难界定。但能够确定的是，企业必须在安全的前提下加速成长。很多企业通过加杠杆、并购和多元化经营进行了快速扩张，在市场遇冷或者政策变化中很容易陷入资不抵债、破产清算的境地。其中金融杠杆过高的现象尤为突出。曾经的资本运作明星海航集团，其资产负债率一度高达96.33%，2004—2017年平均资产负债率达到了83.95%，尽管后来断臂求生，最终还是走上了破产重整之路。长期处于"走钢丝"的风险状态，一遇风吹草动，就会触发并加速企业的消亡。企业必须保证维持生命的"血液"——足够的现金流和毛利底线。

三是违规违法越界。这无须讨论，毋庸置疑。被曝光的问题食品、药品乃至服装、玩具等，相关企业无不是自食苦果，甚至引发一系列的连锁反应，相关联企业也因此陷入低谷。曾因配方奶粉获得国家科学技术进步奖的三鹿集团在"三聚氰胺"事件发生后，一蹶不起，落得人人喊打。需要进一步讨论的是，当全行业的绝大多数企业违规违法越界时，问题就不仅局限在企业的道德水平和社会责任层面，还需要考虑的是整个行业的发展逻辑，整个产业链上下游的合作模式，是不是出了问题。我们需要关注的是，在"天下乌鸦都很黑"的时候，企业的气节和选择。无论如何，企业要确保决定企业生命的"一口气"——政治法律安全底线。

从事物的另一面看，那些持续在榜企业具有两个明显的特征，一是规模足够大，是中国最大500家企业之一；二是增长速度快于500强的平均水平。

持续在榜企业背后还有两点值得注意，一是从外部看，它们历经宏观层面从高速增长到高质量发展变化带来的整体增速的调整，历经"入世"、国际金融危机、互联网浪潮、新冠疫情等外部环境带来的各种机遇和挑战，依然能够保持稳定成长的能力。二是从内部看，随着规模的扩大，企业面临越发复杂的管理难题，营业收入从100亿元，到500亿元再到1000亿元，所适应的管理手段和组织模式有很大的差异性。

企业成长有明显的从初创、成长、成熟到衰退的生命周期逻辑，企业的产品和服务也面临类似的寿命周期，从产品服务到企业组织本身不可能处于一劳永逸后的黄金期。因此,企业的持续成长不但需要跨越一个充满不确定性的外部周期,更需要跨越企业成长本身的 S 形曲线,研发新产品,接续布局第二、第三增长曲线。

无论是研究退榜者还是观察在榜者,我们发现企业需要跨越内部和外部的一个又一个周期,在不确定性环境中寻找确定性,不断突破成长障碍,以短期和长期的平衡实现持续成长。

短期和长期的平衡

进入 500 强榜单不仅是一种荣誉,更意味着你比别人活得更好更久。"活得好、活得久",持续产出业绩才有价值。**远大理想不是不顾短期现实,长期主义也不是经营无能的遮羞布**。持续成长需要高质量的存续,需要兼顾短期和长期的平衡。稻盛和夫说,"眼睛可以眺望高空,双脚却必须踏在地上。梦想、愿望再大,现实却是每天必须做好单纯,甚至枯燥的工作。"[1] 这很好地诠释了短期和长期的平衡路径,也道出了持续成长的真谛。

---

[1] 稻盛和夫. 稻盛和夫的人生哲学:活法全集[M]. 曹岫云,等译. 北京:东方出版社,2010.

在持续成长的逻辑中，首先强调要活下来。企业解决好生存问题是坚持长期主义的前提。华为有句话广泛流传，"活下去，是最高纲领，也是最低纲领"。"活着"是企业成长与变革的基础。外部环境是顺境还是逆境企业往往难以左右，企业需要的是持续调整和创新，这样才能提升适应性。在增量中变革远比在困境中破釜沉舟的决绝更加充满智慧，不仅有更大空间的试错成本，还有积极向上的精神气，有利于变革的成功。

活着才能创造长期价值，长期价值又是单次动作最终累加出来的"精彩"换算。通过正确的行动改进当下的运营，也能够借此提升未来的表现，反之亦然。企业作为一个组织，由众多个体组成并和外界发生关联，强劲的短期业绩可以证明我们正走在正确的长期道路之上，可以给员工、投资者、供应商和社区以信心，留住好的资源、要素，帮助企业持续成长。

带领霍尼韦尔从濒临倒闭成长为全球领军企业的高德威对此有着深刻理解，他强调首先要在思想上统筹这两件看似矛盾和冲突的事情，并将这种思维方式及对短期和长期目标的追求都深入贯彻到战略规划和实际行动中。他还总结出了"短期—长期业绩表现三原则"的方法论，可以供企业参考借鉴。

原则一，保证会计和商业活动的真实性。

原则二，投资未来，但决不过度投资。

原则三，在保持固定成本不变的前提下实现增长[1]。

短期和长期的兼顾，实际上是规模、利润、现金流三个方面指标的平衡和取舍。"规模"一度是中国企业的情结，这在很大程度上契合了改革开放以来我国企业快速崛起，迅速做大的发展进程。当中国经济从高速发展转向中高速发展，叠加外部环境的复杂多变，"资金链断裂"成为很多赫赫有名的大企业倒下去的最后一根稻草，更不用说众多抗风险能力较弱的中小企业。因此，现金流量表的质量必须引起重视。长期主义的企业要学会风险管理，学会平衡踩油门和踩刹车的节奏。利润当然是企业竞争力和管理水平的体现，但有时却是基于价值观的一种选择。从财务制度上来说，利润是收入扣除各项成本以后的结果，企业选择什么样的成长方式，会影响到利润的留存多寡。投资人张磊所说，"利润只是一种意见，而现金流却是一个事实"[2]。总体上，有利润增长的营业收入和有现金流的利润，应当成为企业的长期平衡的法则。

---

[1] 高德威. 长期主义[M]. 崔传刚, 译. 北京：中信出版社，2021.
[2] 张磊. 价值[M]. 杭州：浙江教育出版社，2020.

第四章 跨越成长周期

"活着"是一种底线思维，持续成长是价值目标。海信所遵循的是，"在涉及肚子和面子的问题上，肚子比面子重要；在涉及利润和规模问题上，利润比规模重要；在涉及企业安全问题上，没有任何事情可以动摇'安全第一'这个原则。"短期和长期的取舍需要有底线思维，短期利益要服务于长期利益，必须以假定长期利益大于短期利益为前提，没有人会牺牲一个短期的巨大利益来换取长期的微小利益。显然当涉及"活着"、生存这样的短期利益时，无需多言，必须保证短期先活着，必须重于长期利益。长期利益依赖于每一个即期利益的不断实现，每一个短期价值的不断积累。

此外，还要强调的是企业成长要寻求和环境之间的适配性，尤其经营业务的选择要寻求和客户需求、技术水平、供应链资源等的一致性，这是企业在确定短期战术路径和长期战略发展中需要关注的重要方面，对创业期的企业尤其重要。1999年，科大讯飞成立的时候，面临语音识别和语音合成两个不同的路径。相比于语音识别对硬件、算法和数据积累的更高要求，科大讯飞选择了语音合成赛道，并很快与电信运营商和通信设备厂商合作，先活了下来，经过几年努力，在中文语音市场站稳了脚跟。而那些在语音识别领域布局多年的不少企业不仅投入的巨资打了水漂，连同整个企业都折戟沉沙。

突破三大成长障碍

企业持续成长的过程，是在能力和时间两个维度取得的双重胜利，单一维度的进步，无论是长不大的百年小店，还是活不长的巨婴，都不是我们强调的长期主义。企业长期发展的过程，难以一帆风顺，更跑不出一条斜率稳定的上扬线条。大多数情况下，都是在长大和活久之间努力地螺旋上升。在这个过程中，企业要跨越以下几个方面的障碍或者陷阱，要能识别危机，抵御诱惑，对既有优势有清醒的认知，更要在低谷中积极进取，不断锤炼企业成长的韧性。

第一方面，要努力摒弃短视，增强发展的后劲。

《周易》说："知进而不知退，知存而不知亡，知得而不知丧，其为圣人乎？知进退存亡而不失其正者，其为圣人乎。"如果不能做到进退有度，取舍有度，就很可能陷入物极必反的窘境中。在企业成长中，踩刹车比踩油门更需要决断，放弃行业的最后一个铜板比赚取行业的第一个铜板更需要勇气。

前面介绍过赤子城科技的成长实践。它是在全球移动互联的浪潮中，新兴互联网科技企业在海外市场获得爆发式增长的一员。赤子城科技在早期选择了将能够远程投放的工具型App作为出海口，在国际市场大热，和很多同类型企业一样，进入一个"躺着赚钱"的时期。工具型App能快速获客但黏性不高、可代替性强是行业共识，但动辄数亿的下载量，每天几十万的广告收入也是不小的诱惑。尽管不少企业对"工具必死"有所预见，但决心和行动的不同，导致走向必然不同。赤子城科技很快开始了"去工具化"，停掉了许多依然赚钱的工具产品，并向社交这一能黏住用户的深海领域转型，开始艰难但果断的行动。2020年，赤子城科技上市，成为社交出海第一股。与此同时，一批同期企业在工具产品退潮时走向了衰亡。

第二方面，要奋力抵御危机，增强发展的韧性。

企业在低谷时的行动比在高光时刻的行为更能考验企业的长期主义精神，极端情况也往往是探索能力壁垒建设的绝佳时期。

2012—2016年，经历行业寒冬的三一重工，面临盲目扩张后的风控危机，同时多年重销售轻研发创新导致增长乏力，业务出现断崖式下跌，核心上市公司市值从1500多亿元跌至仅200亿元。面对外部环境与内部经营的双重危机，三一重工积极反思，几经探索试错，强化了对周期与风险的认识，认为要在下行周期中屹立不倒，就要以智能化和数字化提升产品的技术附加值；要降低业务风险，就要开拓更多海外市场，同时在内部进行裂变式创新，孵化培育新的业务增长点。几年间，三一重工将智能化和数字化发展融入业务的各个方面，尤其是机械设备在线数据收集极大地提高了客户服务能力；三一重卡、树根互联等新业务逐渐站稳脚跟，三一重工正再次崛起。三一重工的行动告诉我们，面对危机，深挖自身价值，通过转型、创新激发企业内生动力，往往比跨行业寻找机会更能够带来持续成长的底蕴。

第三方面，不要过分迷恋既有优势，要跳出路径依赖。

企业要摈弃一切投机侥幸心理，要直面现实，要持续向前进化，长期主义要专更要新。史蒂文·霍夫曼在《穿越寒冬——创业者的融资策略与独角兽思维》一书中指出，"想获得任何形式的长期成功，都需要通过不断创新来超越现有的模式"[1]。这句话在当下尤其适用。企业已经从种内竞争扩展至种间竞争，当一个行业被颠覆，

---

[1] ［美］史蒂文·霍夫曼. 穿越寒冬——创业者的融资策略与独角兽思维［M］. 周海云，译. 北京：中信出版社，2020.

基于这个行业规则所建立起来的正确决策，都会成为其没落的原因，从柯达到诺基亚，莫不如此。财经媒体人吴伯凡在一次与互联网从业者梁宁的对谈中，说："我们往往会在一次竞争中建立优势，然后很容易就会对这个产品和商业模式形成强烈的路径依赖。就像孔雀的尾巴长，就有优先交配权，随着基因不断被强化，尾巴越来越长。企业也因此会变革迟缓，丧失机遇。"

微软是个人电脑时代当之无愧的王者，和英特尔组成的 Wintel 体系一时无可撼动。但在移动互联的浪潮中却表现狼狈，智能终端、搜索引擎、社交媒体、电子商务等领域全面落后于竞争对手。微软市值从 1999 年的 6000 亿美元峰值，一路低走到 2013 年的 2200 亿美元。2014 年，纳德拉执掌微软，开始了两大转型：一是不再把 Windows 作为微软的核心增长引擎，从垄断授权模式转变成为免费获客的服务工具，并将微软的应用软件平台向竞争对手开放；其次是"云为先"战略，让 Azure 成为企业新的引擎。微软也终于又回到了时代发展的主航道上。

多年来，联想一直在 PC 领域坚持，在中国乃至全球都建立了绝对竞争优势。在专注和长期这两个维度上做到了某种极致。但联想会不会成为下一个"诺基亚"的命题也发人深思。"人类失去联想，世界将会怎样？"这是联想成立不久的广告词，今天来看同样值得期待。这是一个快速变化的时代，是一个需要向前奔跑的世界。就像吴伯凡说的那样，"长期主义，是无限游戏层面的长期主义。你不能够打一场已经结束的战争。"

在不确定性中寻找确定性

当前的环境呈现出越来越乌卡化（VUCA 的音译）的特征，即不稳定性（Volatility）、不确定性（Uncertainty）、复杂性（Complexity）和模糊性（Ambiguity）。VUCA 度越高，机会和挑战越多，给企业跨越周期性成长带来的变量就越多。身处这样的环境之中，企业往往容易焦虑，陷入什么都想要、什么都不行的迷茫里。更何况，在乌卡化的环境中识别是机会还是陷阱，本身就是困难的。因此，跨越周期需要企业以稳定性应对环境的乌卡化，要建立跨越周期的增长战略和企业韧性，在一个不确定的世界里，得到一个确定的答案。

善弈者通盘无妙手

下围棋的人都知道一句名言，"善弈者通盘无妙手"，是说一个高手下完一整盘棋，你并不觉得他有哪一招惊天动地，整局棋每步看起来都平淡无奇。在企业持续成长这个命题中也是如此，所有的精彩或者高光时刻，具有很强的瞬时性，值得欢欣鼓舞。但我们需要关注的是在这瞬时性的高光背后是跬步的积累，是持续的精进，是每一次平平无奇的努力后，冲破每一个成长障碍，跨越一个又一个周期，迎来的全局胜利。持续成长就是做行动的长期主义者，不追求单次的极致效果，而是追求每一次平凡的举动最终累加出的长期价值。这不仅体现为一个企业持续做强、做优、做大的业绩表象，还是对每一次的抉择和行动不断迭代优化的过程。

持续增长和持续改善正是最润物细无声的"妙手"，正是企业最大的稳定性和确定性。

我们统计了2002—2020中国企业500强的营业收入复合增长率分布，尽管不同时期的曲线存在明显位移，但都接近于一条长尾曲线（见图4-1）。这些曲线清晰地展现出了中国大企业，无论在何种竞争环境下，都普遍保持了稳定增长的事实。在21世纪的第一个十年，中国企业500强的营业收入增长率集中在20%～30%，这是保持在500强榜单中的标准速度，更有32%的500强企业营业收入增速超过了30%。进入第二个十年，尽管中国企业500强增速分布区间向左偏移（减少），但大部分 500 强企业的增长率依旧在 15%～25%。万向集团作为持续 20 年上榜的企业，对增长的追求可谓极致。其理念是很简单的一句话，"奋斗十年添个零"。从创立到 20 世纪 70 年代末的第一个十年，企业实现了日创利润 1 万元；第二个 10 年，20 世纪 80 年代末，企业实现了日创利润 10 万元……到第五个十年时，万向在 2010 年实现的净利润已经达到 24.53 亿元，日创利润 672 万元。

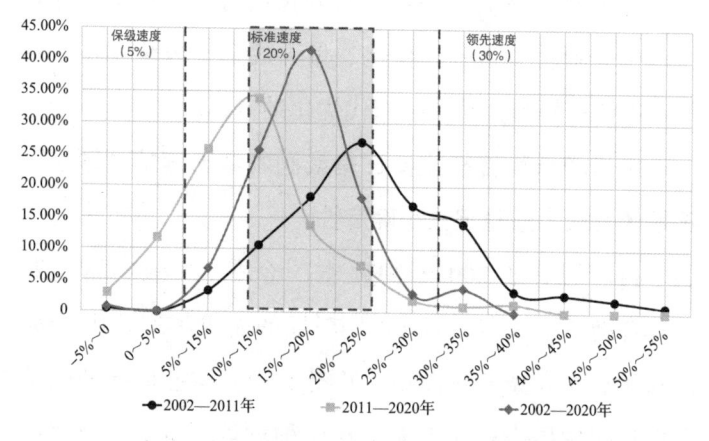

图 4-1 2002—2020 中国企业 500 强营业收入复合增长率分布曲线

企业持续增长，依赖于持续改善。这个过程中往往不是坚持重复一件正确的大事，而是要去坚持改进一件件小事。微小的改进虽然毫不起眼，但是量变叠加之后能产生巨大的质变。这种改变不仅能够强劲企业的增长

第四章 跨越成长周期

曲线，有时还会推动增长曲线的跃迁。真正的长期主义者不会把持久战打成突击战，而是在持续改善、持续变革中实现持续增长。

持续改善是一种很强的能量。巴菲特"慢慢变富"的价值投资主张影响了很多人，日本企业"从点滴做起，持续改善"的管理精髓也令人钦佩。持续改善需要怀抱一种坚定的发展信念，要学会从预测环境转向应对环境，从预测判断转向不断进化。对于政策变化，万科秉持克制原则，主张"农民"态度。农民不去预测天气，老老实实地种地。虽然摆脱不了"看天收获"的局限性，但在同样政策、市场环境之下，能让自己的收成越来越好。

企业的经营路就像奔跑在商业世界上的一个AI程序，不断发现bug（问题），不断修正。确定方向，启动程序后，就必须不断迭代优化。

持续改善要求企业主动构建与不同成长阶段相匹配的能力。在规模增长和管理提升之间确定不同时期的主题，比如"管理提升年""市场突破年"，实现增长和能力之间的动态平衡。在每一阶段，做对的事情，是成功的关键。

杨杜在《成长的逻辑》[①]中总结过华为的四个成长阶段：创业期的"种庄稼、打粮食"战略，解决市场开拓和生存问题；成长前期的"凿石头、修教堂"战略，解决制造能力和文化问题；成长中期的"铺铁路、扳道岔"战略，解决管理流程和考核问题；现在的"深淘滩，低作堰"战略，解决利益分享和长期生存能力问题，这个过程中，华为学会了不同时期的生存理念和成长技能，获得了持续成长的能力。

施炜博士根据中国领先企业的成长经验开发出了"中国企业成长导航模型"[②]，将企业成长划分为创业阶段、机会成长阶段、系统成长阶段、分蘖成长阶段、重构成长阶段五个阶段，并提出了每一个阶段的关键要素、关键能力和关键行为。很多中国优秀企业学会了不同时期的生存理念和成长技能，获得了持续成长的关键能力。这并不容易，相比在困境和挑战中企业必须做出改进，这更需要更大的主动力和魄力。

[①] 杨杜. 成长的逻辑［M］. 北京：经济管理出版社，2014.
[②] 施炜. 企业进化：长期战略地图［M］. 北京：机械工业出版社，2020.

预备，发射，瞄准

企业所处的时代环境永远是不确定的，在实际经营管理中不可能规划一条有既定前提的、完全科学量化的发展道路。在新技术发展和消费主权崛起的双重背景下，企业进入高频竞争时代，面临很多结构性的不确定性[①]。这种不确定性会改变产业格局，给产业发展带来根本影响，"一次性把事情做对"的策略，其可行性和必要性都没有足够的立足点。战略方向或者战术执行都不可能一条道走到黑，战略方向需要跃迁、要变道，战术落地需要不断迭代优化。

面对"结构性的不确定性"，企业往往不够敏感，缺乏在混沌之中的决断力，但这样的不确定性往往是毁灭性和颠覆性的，企业需要不断训练认知能力，强化组织注意力，要注重外部市场变化，尤其是本行业之外的新现象新技术，以开放的心态不断寻求发展机会。当然，认知和注意力只是搭建了外部变化与企业行动之间的"桥梁"，接下来必须要有所行动。IT业传奇人物罗斯·佩罗被问及成功的秘诀时说："很简单，预备，发

---

① ［美］拉姆·查兰. 求胜于未知——不确定性变革时代如何主动出击变中求胜［M］. 杨懿梅，译. 北京：机械工业出版社，2015.

射,瞄准。我们从来不等有了明确方向再行动,而是在行动中寻求方法,在行动中瞄准,如果射偏了,没关系,纠正它,再发射。重要的是发射,是行动。"这是面对机会做出选择的一种极致。当下,战略方向的调整或者跃迁不是一枪就能瞄准,企业只能寻求大致正确的努力方向,持续迭代决策。

如果说发射是进入一个赛道,决定长期服务的领域,那么瞄准就是不断精耕细作,不断地逼近目标。500强中的"常青树"无一不是在"又专又深"的道路上持续精进。马化腾的"小步快跑、试错迭代"的互联网产品创新精神指引了很多耳熟能详的互联网产品的发展思路。"产品做到70%就上线",成为一种通行的规则,这样既能赶时间,抓住机会、抓住用户,也能不让产品出现大缺陷(bug),剩下的问题,可以在不断获取用户和用户反馈中,边跑边迭代优化。

"快速迭代",已经成为移动互联时代的商业行动指南。值得警醒的是,产品或者业务的不断迭代要以大方向确定为前提。"小步快跑"是主流方向清楚,拥有基本确定的商业逻辑前提下的一个持续改进的思路,而不是跟风跟各种概念的借口。虽然我们强调,"长期主义不等于业务聚焦",但在企业发展初期,规模尚小,还没有在一个领域精耕细作之前，就开始多元化是要不得的。**企业不要在多元化中找主战场，而是在确定主战场后再适度多元化，实现成长曲线的跃迁。**纵然是"机会主义"，也要选择辨识增强长期价值创造能力的战略性机会。

尊重常识！！！

这尽管是老生常谈，但却怎么强调都不为过，尊重常识是在不确定的环境中，企业经营发展所遵循的第一准则。

企业发展必须遵循基本的商业逻辑，敬畏市场敬畏规律。企业要关注客户需求、价值观的演变趋势、行业发展历史及走向、企业自身的发展阶段等，要对此有清晰的认知。这总对于处于困境期，寻求解决方案和发展出路的企业尤其重要。

2012年前后，重组后的新希望六和陷入了危机之中，财务绩效出现大幅下降。企业领导团队判断禽流感、速生鸡事件及合并之后的文化冲突影响只是问题的表象，传统畜牧行业所面临的变革要求才是本质问题。新希望六和基于农牧业领域的世界经验，提出了以下几个判断：第一，消费端需求改变，导致农牧行业产业链的核心价值从提供产品到提供可靠性转变。第二，行业的评价体系发生改变，由农民评价饲料好不好，变为消费者评价肉好不好。第三，饲料不再是盈利主体，它应该向消费端、食品端的价值链延伸[①]。由此，新希望六和从农牧企业向食品供应公司转型，以系统而专业的养殖服务，引导养殖户健康养殖，从而保障肉食品原料的安全生产，从围绕养殖端创造价值到为养殖端去做价值创造，并最终从消费端获取价值。新希望六和很快摆脱了困境。

企业发展必须遵守基本常识，要坚信企业持续成长必须经过"开垦、种地、播种、施肥、浇灌、培养"的整个过程，才能收获丰硕的果实，没有短期速成之道。该走的路每一步都不能少，没有超常规发展。有的只是学习别人的经验，能够走得稍微快一点，但不可能跳跃某个历史发展阶段。陈春花担任新希望六和总裁时，一次被美国的同行业问道，"新希望六和用了30年就实现了我们花费了120年才有的发展成绩，是怎么做到的？"陈春花说，我们用的不只是30年，我们这些人每天工作都超过16小时，累积起来的时间可能比120年还要长。美国同行欣然接受，"你们今天和我们在这个市场上平起平坐，花费的时间是一样的，没有其他原因。"

---

① 陈春花. 激活组织——从个体价值到集体智慧［M］. 北京：机械工业出版社，2020.

美国同行对新希望六和的疑问，同样是这个世界对中国企业的疑问。过去短短数十年，中国企业迅猛崛起，给人以弯道超车之感。实际上，一大批以新希望六和为代表的中国企业，正是通过"白加黑""五加二"的长期艰苦奋斗，牺牲喝咖啡、晒太阳、与家人团聚的宝贵时光，才逐渐缩短了和西方发达国家企业的距离，并在某些方面实现了超越。这是我们必须认清的现实，并以此为准绳坚持走好每一步。

CHAPTER 5

第五章
企业行为的终极密码

天地所以能长且久者,以其不自生,故能长生。

——老子

我们前面分析过那些企业"没跟上队伍"的原因——战略冒进、能力不足、违法违界。那么再往前追问一下，这些问题的背后是什么呢？尤其是那些发展阶段相似、所处行业一样，但却出现了两种完全不同的走向。万科和恒大，都是房地产的典型代表。万科以谨慎、敬畏和"农民心态"著称，很早就喊出"活下去"的口号，确实活得还不错。恒大则给人以高调和开拓进取的印象，在房地产到汽车的扩张中陷入困顿。沃尔玛和西尔斯同是美国零售巨头，前者连续多年居于美国企业500强首位，后者成为百年企业跟不上时代发展而破产的典型。当然也不乏遵循不同的发展路径，呈现各自精彩的行业双雄或者三足鼎立格局。比如机械制造领域的三一集团和中联重科股份有限公司。互联网服务领域的IBM前总裁小托马斯·沃森说：在一个企业成功或者衰退的各种原因中能起决定性作用的不是技术或者偏好的变化，不是组织形式或者管理技巧，而是信仰的力量及它们所产生的对员工的巨大凝聚力。企业三年发展靠运气，十年发展靠战略，三十年发展靠文化，一百年发展靠制度，种种发展表象和问题、经验背后，是企业的文化在起作用。那么又是什么决定了企业文化呢？持续成长的企业需要什么样的文化呢？

文化是一个假设系统

企业文化是很重要却宽泛的概念，包含企业的宗旨、使命、愿景、价值观、企业精神和行为准则等。很多企业将其清晰地写在官网上，刻在展厅里。企业文化的表达中，大都认为顾客第一或者员工第一、产品极致、尊重规律，也很清楚企业应该承担社会责任。然而，我们却发现企业所倡导的理念和行为之间具有不小的差异性，尤其是当企业遇到重大冲突性选择时，企业的行为往往会与其理念背道而驰。

三鹿奶粉曾经的企业宗旨是"为了大众的营养健康而不懈地进取"，却在三聚氰胺的利益诱惑中丧失了行为底线。用共享理念让人们美好出行的一些共享单车企业却连基本的单车质量都不能保证，导致"废车坟场"的出现。诺基亚以 Connecting People 作为企业宗旨，但并没有穷极所有的技术、资源去持续做好人与人之间的深度连接。显然，在企业倡导的文化表象下，一定有企业的潜意识或者行为习惯在发挥主导作用。

沙因的企业文化三层次模型在一定程度上能够解释企业理念和行为"两张皮"现象。他认为，企业文化的构成中，一是人为饰物，是人们能够感受到的一切物质和现象，包括产品、物质、语言、风格、礼仪和挂在墙上的"各种信条和理念"，这些都是企业文化的"表现形式"。二是外显价值观，是指人们能够理解并感受到的价值判断，如使命愿景、核心价值观和行为准则等。这一层重在强调企业的理念，不仅是入眼入耳，还要入脑入心。三是基本假设，是企业的潜意识，被视为"理所当然"，是无须讨论的信念，存在于文化最底层的部分，也因此容易被忽略。人为饰物和外显价值观是依赖于此的一种显性表达，是对外展示的文化部分。而这部分才是企业决策和行动的基础和隐性逻辑。

这正是我们要探寻的。

从这个角度来定义企业文化，就是**企业处在社会生活、处理各方利益时所遵循的一系列基本假设及基于此的显性表达，处于最底层的基本假设决定了整个文化系统**。企业文化建设就是要确立一系列解决外部任务及处理内部关系时创造、发现和发展的，被证明是行之有效的，并用来教育新成员正确认识、思考和感觉上述问题的假设系统，包括践行什么样的使命，采用何种发展模式，运用怎样的分配机制等。假设系统是一种选择逻辑，是企业做出决策时发挥作用的基础力量。尽管处于无形，

第五章 企业行为的终极密码

却会在企业的日常经营和出现重大问题时被企业内部和外部的利益相关者所感知到，形成逐渐固化、难以打破的印象，这至关重要。

但大多数情况下，企业的假设系统和选择逻辑没有对错。企业"建设百年老店"是假设，做一个"捕捉机会的连续创业者"也是假设；企业提出"坚决不让雷锋吃亏，奉献者定当得到合理回报"是假设，"年功序列、终身雇佣"也是假设，它们只要没有触犯到法律和道德的边界就不应该受到指摘，不过是企业对发展目标、发展逻辑和人性等方面做出的取舍罢了。

因此，我们想强调的是企业基本假设不是使命、价值观和发展模式等一系列企业文化要素和成长要素本身，而是基于什么样的逻辑确定了使命、价值观和发展模式等，并在使命、价值观和发展模式等落地的过程中起到指引、约束和影响作用。

男性经常面临一个"求生欲"的考验——老婆和妈妈同时掉进水里，先救谁？如果再加上孩子呢？救母亲是孝顺，救妻子是爱情，救孩子更是人之常情了。企业也往往面临这样的难题，很难统筹兼顾。不同的选择往往没有对错，看的是这个人或者企业的价值选择和价值排序。这是企业做出重要决策、极端决策的底层逻辑。

不管企业对外宣称如何"以客户为重",当投资者、客户、员工和社区等不同主体的利益发生冲突时,当企业需要在长期利益和短期利益之间做出取舍时,企业的行动就会体现出真实的价值排序和取舍。

企业的假设系统是帮助企业在各种不同的情境中做出选择的一个工具,影响和决定了企业如何达到目的。就像管理学基本假设强调的那样:文化决定战略,决定战略上做什么不做什么;决定理念上提倡什么反对什么;决定价值观上什么第一,什么第二。假设系统决定了企业的生存方式和行动的优先级,这通常体现在取舍、选择和排序上。因此,企业文化的确定逻辑必须是理性的,人情、感性和情绪化只是文化外显化过程中人们的感知。

优化经营的基本假设

那么什么决定了企业的基本假设呢?我们需要回到假设本身的设定逻辑上。这也是企业持续成长需要优化的底层支柱。

企业可以借助第一性原理获得帮助。第一性原理最早由亚里士多德提出,他认为:"任何一个系统都有自己的第一性原理,它是一个根基性的命题或假设。它不

第五章 企业行为的终极密码

能被缺省,也不能被违反。"第一性原理是不能从任何其他原理中推导出来的原理,是决定事物的最本质的不变法则,是天然的公理、思考的出发点,是许多道理存在的前提。第一性原理应该是老子所言的"道生一,一生二,二生三,三生万物"中的"道"。那么在企业经营中的"道"是什么呢?

彼得·德鲁克强调,经营者都应该有自己的经营理论,这个经营理论就是回答三个假设。一是组织环境的假设;二是组织特殊使命的假设;三是完成组织使命所需的核心能力的假设。这是企业经营需要面对的三个本源问题,也是企业设定基本假设,建立企业文化的基本遵循。这三个假设呈现依次递进的关系,其中组织环境的假设是基础,它决定了组织使命和组织的核心能力建设。回答组织环境的假设,就是要认识清楚企业与环境的关系,确认企业和环境的互动方式,这是运用第一性原理解决企业存在意义的着眼点。

优化企业的基本假设,要求企业必须在潜意识里认识到企业是环境中的一个存在,企业需要依赖自身在与其他主体的有效互动关系中存活下来,获得持续增长的空间。其中最为重要的是,企业必须满足社会的某种需求,并且能够提供具有高效便捷、高性价比等特征的优质产品和服务，这是企业存在的价值。企业所处的环境不仅是社会、政治、法律和技术等宏观环境，还有上下游的产业环境、客户环境，还有内部的各类资源要素，尤其是员工等。企业处理与环境的关系，在环境中寻找定位，确定企业宗旨和使命时，需要兼顾到不同利益主体，并在各类关系之中找到某个平衡点。企业是社会的一个器官，不仅以自身的永续存在作为目的，也是为了社会的繁荣进步而存在①。有研究发现那些寿命非常长的公司，特别是日本公司，有两个主要特点，一是它能够作为传统嵌入这个地区；二是它能够自我约束，寻求自身存在的正当性和社会的认可。**在很多时候，企业要考虑将社会问题转化成商业机会，实现商业原则和社会原则的统一，在商业实践中完成社会责任的履行。**那些领先的企业，它们的假设跟环境及人类的发展是息息相关的，它们以增加人类福祉为存在目的。比如：苹果认为设计是人类创造物的根本灵魂，设计可以让生活变得完美；阿里巴巴以"让天下没有难做的生意"为己任；新希望六和既服务于农民也服务于消费端，所以叫"为耕者谋利，为食者造福"；华为要把数字世界带给每个人、

---

① 彼得·F. 德鲁克. 管理——任务、责任、实践 [M]. 北京：中国社会科学出版社，1987.

第五章　企业行为的终极密码

每个家庭、每个组织，构建万物互联的智能世界。

企业存在于各类商业伙伴组成的产业链条和生态体系中，这是一个资源、要素、智慧的集合体，而且复杂性和多元性与日俱增。员工个体价值正在崛起，顾客也成为价值创造的重要一环。他们的能量释放依赖于更加共享、开放和协同的组织平台。万向集团成立50多年，在实践中探索出的经营哲学是"财散则人聚，财聚则人散；取之而有道，用之而同乐"，辅之以"人尽其才、物尽其用、钱尽其值、各尽其能"的管理手段，支撑了"奋斗十年添个'零'"的增长目标。广大企业也要从"消耗占用逻辑"向"创造共生逻辑"转变，摒弃"在环境中要得到什么"的单向索取思维，要对生态体系有贡献，坚持共生的逻辑和众享的价值观，让组织成员及价值链成员能够共生成长、共享价值。尤其是那些拥有多年成功经验、具有很强社会影响力的大公司，路径依赖根深蒂固，如果不能及时做出调整，其基本假设将成为挑战的中心。

当前，互联网科技的发展与全球的动荡给企业带来诸多不确定性。企业要驾驭这种不确定性，要认识到这种不确定性所隐含的不可预测性、多维性和开放复杂性。相比预判和应对，企业要学会与这样的环境共生，与顾客、合作伙伴、员工共生。企业要从这些角度不断优化甚至重新建立基本假设，构建内部和外部的双重合法性。这是企业在各种环境中能够立足的长期主义。

在中国的文化情境下，确立组织环境的假设中，我们的企业大都有"产业报国"的特殊使命，而且这和企业是国有还是民营的所有制关系不大。比如亨通集团在总结创业30年的发展历程时说："亨通始终怀揣产业报国的理想信念，一次次打破国外技术垄断，一步步抢占产业制高点，从濒临倒闭的乡办农机厂发展成为全球光纤通信前三强的高科技国际化企业，为中国制造赢得世界话语权，也将中国光纤通信产业的脊梁牢牢挺起。"这是一种普遍化的表达方式，在山东魏桥创业集团有限公司（以下简称魏桥）、三一集团、东风汽车等长期在中国企业500强榜单中的企业都能见到相似的内容。**产业报国的组织使命受到我国发展阶段和传统文化的双重影响。**一直以来，我国的经济发展处于追赶阶段，国家的强大以民族工业的强大为支撑，一批企业肩负起了这样的伟大使命。更为重要的是，在延续几千年的中华文化传统中，"家国天下、修齐治平"镌刻在士大夫的骨子里。这种个体对共同体认同的家国情怀和集体主义精神深刻影响了很多企业的使命选择，进而影响着企业的成长道路。

第五章 企业行为的终极密码

企业的基本假设和企业成长之间的关系就像树木长大一样，是一个持续积聚能量的过程。北方的树木虽然每年都落叶，但是年轮在一圈圈地累积，中间的主干也一直在生长，这个主干就像是被文化支撑着的持续成长的企业，年轮就是随着企业成长积淀而成的文化。因此，企业文化的建设不会一蹴而就，需要的是一个不断优化和强化的过程。

在企业的不同成长阶段和当外部环境发生重大变化时，企业往往都需要重新寻求价值定位，适时调整基本假设，重塑价值创造的逻辑基础。

海尔自1984年成立至今，保持对环境变化的感知力和判断力，对海尔精神进行了四轮进化，分别是无私奉献、追求卓越；创造资源、美誉全球；诚信生态、共享平台；诚信生态、共赢进化。并辅之以相应的海尔作风，从"迅速反应、马上行动"到"人单合一、链群合约"进行落地安排。

海信在成立50周年的时候，全面升级了企业愿景及核心价值观，突出了"建百年海信"的愿景和"永续经营"的价值观。此时海信已经是中国电视销售的翘楚，并在商用多联机、智能交通、光通信等产品领域做到中国乃至全球第一。做出这样的调整，背后是海信坚信只有持续经营战略才能带来长期繁荣的理念，只有立足长远，在技术上不断改革创新，才能让企业拥有持久的生命力和竞争力。这是一种基本假设的力量，并指引着海信的行为方式和价值创造逻辑。

复杂利益中的满意解

尽管我们强调企业要和所处环境有效互动，要对生态体系有价值贡献，要有"顶天立地"般的伟大愿景和务实作风。但企业经营实践是极其复杂的，明明白白的事儿做对也不容易。一个研究者，在实践者面前做出任何"should do"之类的劝告或者建议时，往往显得有点"站着说话不腰疼"。在尽量做到不用上帝视角的同时，我们需要再进一步讨论一下，企业在复杂的甚至是矛盾的利益相关群体面前，在短期和长期中难以兼顾时，应该遵循什么样的价值排序，什么样的基本假设？

我们认为企业在战略选择和经营实践中只能求得满意解，而非最优解，是要建立一种和外部环境和企业实际相适宜的价值行为。

例如，生产高耗能的产品，排放有毒的废水和废气明显是不对的。那么为什么工业革命以来，这样的行为却从未停止呢？是这些企业没有意识到废水、废气给周边老百姓带来的恶劣影响吗？有些基业长青的企业在发展早期也带着某种原罪，只是因为这些企业存在道德瑕疵吗？也可能有人会说企业没有生态良心、"一切向钱看"、生产力不足导致生产方式粗放。这些内在的因素显然不全面。

我们在讨论企业行为时，需要引出另一个相关的概念，那就是伦理。企业文化主要追求核心价值观被组织成员认同，而企业伦理则要求企业与外部社会大环境的关系调适[1]。企业文化注重从基本假设的底层逻辑建立起企业的价值排序和文化系统。企业伦理则更侧重在复杂的关系变量中做出选择和取舍，并不断追求与外部环境的关系协调。研究企业的价值行为选择需要统一这两个维度，将企业作为"整体中的个体"进行考虑。

企业的行为应该是在外部环境尤其是利益相关主体给企业带来的约束性和激励性的双重影响下做出的选择，是企业在内部道德世界与外部伦理世界之间、在自身实力和外部期望之间权衡的结果。企业行为方式的形成不仅是内部良心的遵从，更是在复杂变量中做出的理性

---

[1] 杨杜，等. 中国企业伦理学［M］. 北京：中国人民大学出版社，2023.

选择。

要强调的是，选择性有主动选择与被动选择，其结果会给企业带来不同的成长机会、舆论形象等。

我们仍旧以"生态环境"这一变量为例进行讨论。有读者可能会说，"绿水青山就是金山银山"具有广泛共识，我们国家的"3060"双碳承诺具有明确的目标指引意义。企业自然是以绿色发展为己任，并在绿色转型中寻求企业的发展新动力和第二增长曲线。

这是毋庸置疑的，然而"生态文明"并非新生事物，在当前绿色发展已经深入人心的时候，也并不是所有的企业都走上了良性的轨道。按照英国学者约翰·埃尔金顿提出的"3P"理论，也称为"三重底线"理论，企业在生产经营实践中必须同时履行经济责任、环境责任和社会责任。企业建立基于"3P"的可持续发展三重绩效目标，制定相应的企业发展战略。然而，多重目标导向下的企业行为本身就受到非常多变量因素的影响。

这就是企业"做正确的事"和"正确地做事"之间的复杂性，也是企业不断优化和强化基本假设的必要性，更是企业在坚守基本假设的同时做出适应性行为的现实性。

具体而言，企业的生态行为受到至少以下两个因素的明显影响。

一是行业级联效应。级联效应是指系统中一个动作或事件的发生导致整个系统一系列动作或事件的发生，在行业内各主体的行为方式差异较大时，这一效应更加明显。当一个企业"作恶"或者"行善"没有得到应有的及时反馈时，企业"不好"的行为可能会在全行业中形成很强的传染效应。比如某一时期，钢铁行业中率先节能减排的企业没有得到正向的反馈，同时环保违法的企业也没有受到及时的惩罚时，企业需要将社会整体的生态环境治理成本内化，行业中就会出现绿色发展不积极，乃至"争相"排污的现象。

二是利益相关者的态度。企业经营管理的决策是一个极其复杂的过程。很多时候，利益相关者（如消费者、供应商、合作者、员工、政府、传媒等）既有可能是企业粗放式发展、高耗能高污染的默许者，也可能是改善环境问题的施压者，因为**每一个利益主体都是多目标任务集合**。比如政府需要有税收、需要解决就业，对于能短期解决这些问题的行为，政府相关部门可能会选择一定程度的"纵容"，但同时政府又需要为良好的生态环境负责，政府的环保部门则会对此行为进行严厉打击。企业的决策来自利益相关者的压力，也来自利益相关者带来的动力。地方政府作为企业的重要利益相关者之一，其政策导向是企业行为方式重要的指挥棒明确的政策导向，显然让企业更能有所适从，但实际上并非如此。

还真的是没有万全之策，企业在复杂环境中只能求得满意解。企业的生态行为不是非黑即白的选择题，而是要在需要坚守的底线和追求的天线之间寻求一个相适宜的水平。底线当然就是"不作恶"，不能越过道德的最低限度；天线则是企业不断为之奋斗的理想追求，是企业不断优化并固化下来的基本假设。

以上是从生态环境角度讨论了企业行为方式的复杂性，在其他变量中的价值选择的逻辑也基本类似。在面对企业这样一个经济组织、功利组织和理性组织的时候，我们不能站在道德制高点上俯视。

确定企业基本假设是一种应然状态，但价值取舍和组织行为却是一种实然状态。 把绿水青山变成金山银山，需要实现梦想的方法和智慧。正如前面强调的，企业发展依赖于企业与环境、与社会之间的价值共创和协同融合。企业要探索如何用更好的模式连接好利益相关者，服务好共同利益，实现商业价值和环境价值、社会价值的统一。大企业具有更强的资源整合优势和外溢效应，尤其是互联网广泛普及和应用的今天，企业更有条件通过发展理念、模式、技术的优化兼顾环境责任和企业发展，实现"利己"和"利他"的统一。

譬如，蚂蚁集团的蚂蚁森林项目。

这是一个企业支持生态保护、倡导绿色低碳的公益项目，由蚂蚁集团捐资，公益组织、专业机构负责实施，通过创造"看得见的绿色"，激励社会公众践行低碳生活。具体而言，将支付宝平台上收集到的绿色低碳生活记录，计算成"绿色能量"来养护虚拟树，同时公益机构会种下真树或守护相应面积的保护地。

截至2022年8月，蚂蚁森林用6年时间见证了超过6.5亿人的低碳生活，累计产生"绿色能量"2600多万吨，累计创造了329万人次的种植、养护、巡护等绿色就业岗位。在改善家乡环境的同时，参与各地项目实施的老乡们累计劳动增收4.9亿元。从"蚂蚁森林"出发，蚂蚁集团还进一步联动消费侧和生产侧，以"绿色能量"作为积分式奖励，鼓励消费者更多选择节能降耗、低碳减排的产品服务。目前，有来自各行业的首批100多家企业参与了"绿色能量行动"。

对企业而言，这既是增强用户黏性的手段，更是履行环境责任的抓手。这不是一般性的捐赠慈善，而是大企业发挥影响力和平台作用，将公众、政府、公益机构、企业等各个主体聚拢在一起，各司其职，各得其所，把商业价值、环境价值和社会价值融为一体，让企业走得更远。

建立企业的肌肉记忆

肌肉记忆（Muscle Memory），是说肌肉是具有记忆效应的，同一种动作重复多次之后，肌肉就会形成条件反射。人体的肌肉获得记忆的速度十分缓慢，但一旦获得，其遗忘的速度也十分缓慢。企业文化的建立过程和作用机制大体也是这个逻辑。企业需要推动行为方式和基本假设的一致性，并形成企业的文化习惯，形成企业行动的肌肉记忆。这种肌肉记忆既是一种约束力，规范企业的言论、行为、思想，提高企业的自律性和安全度；同时也让企业的行动实践获得了稳定性力量，让员工和合作伙伴等利益相关者获得了一种强有力的信念。如此，企业、环境和个体就有了一致性，企业文化因此获得稳定性，这是长期主义在文化层面的逻辑。

将基本假设、价值标准和发展理念落实到行动中需要有很强的韧性和毅力，依赖于文化习惯的隐性影响，也依赖于制度的显性作用，二者缺一不可。企业文化是

第五章 企业行为的终极密码

企业的能量场,是企业的一种行为习惯。稻盛和夫认为,经营的真谛就是把经营哲学做到极致,要与全体员工共同拥有、共同实践这种哲学。员工往往不是听管理层怎么说,而是通过观察管理层处于"两难选择"时的决策与行为,识别企业的真正信仰,上行下效,自发传播,这是一种强大的习惯和氛围感。

同时,有效的管理组织需要使文化渗透于制度,让制度于阳光之下。文化发挥作用则依赖于制度条文来激励,使其合法化,并避免文化的过度动荡。没有制度性的管理基础,再好的文化也起不到持久作用。企业不能用文化建设来取代制度建设,制度上如果有巨大漏洞,用文化是弥补不了的,文化只能弥补制度的缝隙。相反,无论多么严格周密的制度建设也不能弥补文化的缺位,制度的建立和完善依赖于企业价值标准所指引的方向。文化渗透于制度可以弥补制度的漏洞,制度的落地依赖于企业全体成员的文化习惯。

尽管我们强调企业在处理和内外部环境的关系时要学会兼顾和平衡,但往往需要在不同利益主体之间,在长期利益和短期利益之间,在集体和个人之间,在商业模式和发展道路,在技术路径等方面做出排序和选择,这是经营实践中难以回避、必须面对的问题。

因此，企业需要关注如何将这些基本假设和价值标准固化到企业日常实践和重大选择中，如何通过制度建设和组织行为让文化落地生根。杨杜教授在《文化的逻辑》中提出，企业或者个人如果能在发生极端事件之前，形成一个"家规"，一个同意"先救谁"的行为标准，并以此为准则来选择和行动，个人就可以稍微减少遗憾，因为这也符合了没被救的亲人的愿望；对企业而言就更加重要，不仅能够坚守初心，践行组织使命，行驶在主航道上，还能够减少决策成本甚至无意义的内耗。

CHAPTER 6

第六章
能发光的组织模式

钻石发光并不是因为构成钻石的原子本身，而是因为那些原子组成了一种特殊的模式。

——马克·布坎南[①]

---

① ［美］马克·布坎南. 隐藏的逻辑［M］. 李晰皆，译. 天津：天津教育出版社，2009.

组织是一个群体凝聚力量、发挥作用的奥秘所在。马克·布坎南在《隐藏的逻辑》中强调，人们最重要的能力就是掌控了促进社会凝聚力的互动机制，并且建立起复杂的关系网络，使群体力量大大超越了部分相加的总和威力。当前，我们讨论组织模式，需要基于企业所处的内外部环境的变化，尤其是数字经济带来的不确定性。企业要重塑基本假设，需要兼顾不同利益主体，重新确立价值创造的逻辑，落脚点之一是要建立一种共生型的组织方式。这将为企业在不确定性的环境中持续成长披荆斩棘提供组织制度上的保障。

重塑价值创造的逻辑

数字经济时代，商业运行的底色和原有的分工协作体系正在被改变，企业边界变得模糊，跨界竞争成为一种流行的方式。在方便面因外卖出现销量下滑，电信业围绕短信、语音的激烈竞争在微信出现后变得不值一提等商业表象的背后，其本质是企业原有的核心竞争力已经无法建立起坚实的壁垒，甚至于形成了某种掣肘。跨界和协作带来的无形力量往往迅速形成，导致原有的核心能力不攻自破。在不确定性的环境中，我们需要重新梳理企业价值创造和竞争力构建的逻辑基础。

哈佛大学商学院教授迈克尔·波特（Michael E. Porter）在"价值链"理论中表示，经济活动中价值链无处不在，上下游组织间存在行业价值链，组织各部门各业务单元之间存在组织内的价值链，价值链上的每一项活动都会对组织最终能够实现的价值产生影响。然而，很长一段时间以来，人们习惯于从单向价值链的角度理解和思考组织发展的问题，甚至简单地认为只有生产制造才是创造价值的中心环节，处于中心环节的组织才是所有价值创造的源头，而经营活动的下游环节、价值链以外的顾客及合作伙伴都被认为是次要的部分，只要中心环节贡献自己的力量，整个价值链便拥有了竞争优势。

数字经济给企业生产经营环境带来的重大改变之一就是"万物互联一体"，这不仅让数字和数字化成为重要的生产要素，也让企业的分工协作体系发生重大变革，从而推动了组织内部各环节的价值重塑。原来的支持活动，从人力资源到研发，再到财务、行政都有机会和能力通过数字化运营为顾客直接创造价值。同时也给企业间的协作、共创带来了无限可能性，整个价值链将变成一个价值网，形成一个价值共创的生态。相应地，企业构建竞争力的基础需要从内部的比较优势转向内部和外部的协同和共享，从规模经济、范围经济转向协作经济。

盖瑞·弗格森在《八堂自然课》中探究了复杂多样的自然界带给人类的启示，世间万物同舟共济，任何物种创新都不能仅凭一己之力，必须依赖彼此相连的关系。这是我们这个世界的本质，我们难以明确地划分一个东西的归属，完全属于或者完全不属于某一个个体，难以客观拆分一个东西，就某一个模块进行优化，这个世界真实的适者生存是合作者生存，而不是竞争者生存。如同大自然界的生物一样，今天任何组织都处在复杂的产业网络中，不同的组织只有联合起来，才能共同为顾客创造价值。

与此相伴随的是，员工个体自我独立、自我价值崛起成为显性特质，新的消费主张要求顾客参与到价值创造过程之中，价值创造活动从"以企业为中心"转向了"以用户为中心"，员工也从"要素、成本维度"转向成事业合伙人和内部创业者。

因此，企业价值创造要重新构建三个结构，即与顾客之间的商业结构，企业内部的组织结构，以及与商业伙伴之间的生态结构。在回答基本假设这一根本性命题时，要学会和不确定性的环境共生，和商业伙伴、员工

第六章 能发光的组织模式

共生，和顾客共生。这对价值创造的指导意义就在于要在这三种结构的重塑过程中建立"命运共同体"思维，建立互为主体、资源共通、价值共创、利润共享的价值实现方式。

和外界的连接方式和互动方式决定了企业如何创造价值，如何获利。这正是互联网发展得如火如荼这些年中，商业模式受到很大关注的原因。模式创新和技术创新、管理创新被放到平等的位置被讨论，足以见各界对商业模式给予的期待。商业模式本质上是角色怎么分工、提供什么样的产品、利益怎么分配的问题，是价值创造逻辑的落地安排，确实应当引起重视。

亚朵酒店就是近年快速成长起来的一个中高档连锁酒店。亚朵酒店与顶级的床品、洗护等上游供应企业合作，在以爆款产品提升体验的同时，还提出把"五星级睡眠带回家"，采用O2O（Online to Offline，线上线下的商业模式）方式，让用户在酒店可通过二维码下单，在家收货。亚朵酒店除了不断提升基于酒店本身的服务水准之外，已经成为体验平台，创造零售化场景，并把具体业务交给专业合作伙伴完成，其业务也由此更加多元，具有了更大的增长空间。

苹果的App Store生态系统为开发者提供了一个全球

化的交易平台，并为开发者提供了很多工具、技术支持，还有教育培训和导师帮助，让开发者可以更加方便地创造新 App，力求构建由全球顶尖开发者组成的充满活力的卓越社群。苹果的 App Store 在 2022 年创下 1.1 万亿美元营业额，过去三年，每年都保持了 27% 以上的增长。

这正是价值创造逻辑和商业模式的胜利。

共生型组织

封闭、孤立的组织管理模式无法适应时代的发展。企业需要建立一种新的组织模式，同时着眼于内部和外部，并打通连接内外的边界。企业要保持个体目标与组织目标的一致性，同时把内外的合作能力整合到经营管理之中，以开放、柔性和包容的姿态推进集体协作和价值共创。陈春花和赵海然提出的共生型组织的概念正符合这样一种需要。这种组织形态关注如何创造合作价值，实现与跨界伙伴的共生与共创，洞悉并掌握共生的运作机制和发展趋势，帮助组织在数字化时代获得成长。"

共生型组织聚焦于在不确定性的环境中寻求更大的增长空间，聚焦于构建更大的价值创造能力和更强的竞争能力。基于此，很多大型企业焕发新生机，新兴企业在很短的时间成为"独角兽"。腾讯不再是一家游戏公司，不再是一家社交公司，而是成为连接器，做"产业价值互联网"；小米只用了9年的时间就成为世界企业500强，原因就在于它和外部的企业、开发者做了广泛连接，建立了小米生态链。

我们从理论逻辑上笃定共生型组织的未来。然而，共生是组织管理中的一种新范式，在实践中仍处于探索阶段。企业要实现真正共生，必须要做到开放、互信、无我，组织本身需要进行升级扩容，不仅是干事创业的平台，还必须兼顾开放、协同等特质。这些都需要理念上的转变，与工业时代的组织逻辑有很大的不同。与此同时，一批企业在"共生"中做出了探索。基于此，我们想探讨共生型组织的一些基本特质，为后来者提供一些参考。

第一，信仰是共生型组织的原动力。共生型组织拥有的信仰是对商业文明笃定的信仰，是建立在创业热情、改变世界及创新精神之上，是对商业本质的理解和认同，是相信商业能够创造美好生活，能够提升人类福祉。如此，企业才会真正开放自己，与外界进行有效沟通，坦然地与别人合作，并在这个过程中能持续学习和改善。在共同价值和理念的守护下，各个组织、上下游的企业进行差异化经营、无缝式合作，从"一棵大树"串联起"一片森林"。一个组织的持续力，归根结底是信任和信仰的问题，在特有组织形态的基础上，各方形成的信任和信仰正是共生型组织的灵魂。尤其当组织信仰不仅受到组织的成员，更受到顾客、合作伙伴的共同信赖和信奉的时候，共生信仰就成了组织持续成长的催化剂。

当前，人类面临着许多严峻的生存挑战，需要企业理念一致，携手前行。钢铁企业以自然资源为原材料进行生产，排放废弃物，其产品又作为中间产品流入终端市场。其绿色低碳发展，有赖于从产业链的高度进行资源综合利用，从产品全生命周期的视角将绿色发展理念贯穿始终，有赖于各个主体进行协同合作。河钢集团与汽车厂商宝马达成共识，共同推进绿色低碳材料技术的创新与应用，开发、生产"绿钢"并完成相关认证，为中国的汽车行业建立"绿钢"供应链。双方还以"全透明"的方式对铁矿石开采、钢铁产品、汽车用钢到汽车报废等所有阶段碳排放数据进行记录和周期评价，推动全产业链的碳排放管理。河钢集团将绿色转型嵌套于产业链生态中，探索跨越组织边界的绿色协同模式，推进产业链深化绿色发展，其基础在于双方在绿色发展必要性和紧迫性的共同认知，是对商业的力量能够让生态环

第六章 能发光的组织模式

境变化的信仰。同时也要看到，企业在发展过程中统筹考虑全产业链条上的关键价值点，并以合作联盟的方式进行切实推动，能够减少不同主体之间因博弈造成的损失。

第二，关系重建是共生型组织的基本要求。客户是共生型组织存在的最大前提。在共生型组织中，企业价值创造所需要的能力不仅局限于自身，还有能够连接和整合到的资源，因此这类组织不仅满足客户需求，还有更大的可能性来创造客户需求，企业的增长空间正是由此产生。当为客户创造价值的边界被放大，企业与环境中各个主体的关系都将被重新定义，从输赢关系到共同成长，从甲方、乙方的关系到协同联盟，从雇佣关系到赋能合作关系，组织成员之间因为顾客价值的驱动而建立一种盟约。这种转变不仅是从竞争到竞合这一表象的转变，更是价值创造逻辑的转变，即一切从客户出发，打开心智边界，打开企业的围墙，寻求一切可以整合的力量为客户创造价值。

房产中介链家将传统的房产经纪队伍建设与互联网的共享精神进行了融合，构筑了贝壳找房，建立了房产经纪的新秩序。贝壳一方面用移动 App 和 VR（虚拟现实技术）看房连接着用户，另一方面又通过几十万名经纪人去跟进、服务客户，线上线下，两张网相互促进。更引人注目的是，链家缩进贝壳，成为一个入驻品牌。贝壳与链家也变成了京东平台和京东自营的关系。同时贝壳以"共享真实房源信息与链家管理模式"为号召，构筑开放、共享平台，服务不同品牌的房产中介，建立经纪人合作网络，链家和其他房产中介之间的关系也从输赢的竞争走向协同的共赢。

第三，共创是共生型组织的基本路径。共生型组织能够创造出新的价值，实现单个组织无法实现的高水平发展，原因在于各个主体之间的共同创造。近年来，很多大企业对此做出了很多尝试。

潍柴以产品为载体，探索"以我为主，链合创新"的研发模式，通过各类合作形式，建立开放、共赢的协同研发关系，形成具有强连接效应的利益共同体，确立了潍柴在内燃机领域的市场地位，并创造了21世纪以来销售收入增长520倍、利润增长1995倍的高绩效水平。

海尔按照"世界就是我的研发部"和"无限体验式研发"的理念，建立了HOPE（Haier Open Partnership Ecosystem）平台，打破企业边界，营造开放式创新生态，吸引全球的用户、专家、资源进行生态共创。海尔还以

"人单合一"模式激活了组织内部的活力,这成为数字经济时代企业转型的一个范式。"人"指的是创客,海尔把雇佣者、执行者等变成创业者、合伙人。"单"指的是用户价值,即把一次性交易顾客变成可以全程参与的用户。"人单合一",达到了以用户为中心创造价值和激活员工个体的双重目的,海尔的管理机制也相应地从传统的正三角向倒三角转变,实现了对创客和小微组织自主经营的制度支持。

宁波"生意帮"所代表的协同制造广受赞誉。"生意帮"利用宁波产业群密集的特点,连接了五金、塑料等各具"绝活儿"的专业化小工厂,线上用物联网技术对生产进行远程管理,线下用物流车队进行工序连接,争做"没有工厂的富士康"。中小微企业是中国制造业的底色,"生意帮"正帮助它们走上专业化发展道路,用共创的理念,盘活了这些工厂的闲置资源,构建出稳定的产业协同网络,展现出制造业转型的另一种可能性。

第四,互利是共生型组织的保障机制。这不仅要求各主体有彼此能够受益的能力基础,还要求内部对员工、外部对合作者的利益共享机制。

小米基于品牌、渠道和资本这三个方面的能力基础,构建起一个三角形的骨架，寻找在不同制造领域内优秀的企业，并构建了小米庞大的产业联盟网络。小米为加入其生态链的初创企业提供从供应链、产品设计、质量控制到市场营销的全面辅助支持，使初创企业可以聚焦于其核心产品技术的研发。小米以机制设计来保障小米和生态链企业各司其职。比如，小米先以成本价采购生态链企业的产品，销售完成后的所得利润再与生态链中的企业分成。如此可以缓解小米与生态链企业双方的流动资金压力，同时能够使双方在营销和品控中都有动力做到最好。

还有人们所熟知的美团，通过IT管理系统、快驴供应链采购、外卖平台等服务内容深度链接、赋能餐饮商家，进而深度服务于终端客户。餐饮商家因此获得了更多的推广、客流和专业的服务，与美团一起有了更大的成长空间，这是基于组织效率提高和终端客户体验增值的共赢。

第五，标准和秩序是共生型组织的推动力。共生型组织以协同的力量，重塑企业传统的人、财、物边界，能够削弱协作过程中产生的不和谐因素和博弈成本，这背后正是新的标准、秩序和体系在起作用，共生的效果和所能达到的高度也依赖于此。

在"双11"购物节最初的几年，物流快递的能力远远满足不了订单的规模要求。阿里巴巴开始致力于打造"7×24小时"的物流体系。左手以资本手段，联合"三通一达"等快递公司组建菜鸟联盟，众多仓配服务商、落地配送企业陆续进入这个体系，各自发挥优势，以服务分层提升电商平台的物流体验；右手全力推进全物流行业的自动化程度和数字革命，上线电子面单、四级地址库和仓储管理系统（WMS），以标准和技术提升行业配送效率。这就是后来的菜鸟物流，阿里巴巴与合作伙伴搭建起了一张覆盖全球的智能物流骨干网。这才有了后来每年的"双11"全球购物节，各地的制造商、贸易商、物流公司围绕用户订单进行着大合作和大协同。阿里巴巴和快递之间也从甲乙方的客户服务关系，演变为共建协同的联盟。

为共同利益服务

如果说基于新的价值创造逻辑和商业模式建立起来的共生型组织能够帮助企业更好地服务更多的客户，实现规模的扩张，解决成长中的一些瓶颈难题，那么为共同利益服务的理念和精神，才能够帮助企业走得更久、更远。两个方面放在一起，才是企业持续成长中闪闪发光的组织理念和模式。

蜜蜂是地球上已经存活一亿多年的古老物种，如此长寿的原因可能就在于蜜蜂在采蜜的同时完成了授粉，利己和利他实现了统一。大自然的神奇为我们研究长期主义，研究企业可以持久地存在于社会的姿态，在生态中创造价值提供了很好的示范和遵从。

企业持续成长就像是种树，从一颗种子到长大成材，从独木难支到郁郁葱葱的森林，依赖的是一个更大的支持性生态，涉及组织内部和外部周边合作伙伴。这些客户、员工、股东、友商、政府、社会公众，正是企业成长中必须兼顾到、服务好的利益相关者。联合国前秘书长安南曾说过，商业不可能在一个失败的社会中取得成功，各个企业要以长远的眼光看待经济的发展和股东的利益，主动思考其所处社会的利益，从而得到长远、可持续的发展方案。企业发展依赖于企业与社会之间的共生融合。企业要探索如何用更好的模式连接利益相关者，服务共同利益，实现商业价值和社会价值的统一。

我们旗帜鲜明地表达一个观点：形成利益共同体是组织在发展中最正确的选择之一。

这至少有以下几个方面的因素。

约束和期待

在数百家乃至数十家跨国公司左右着世界经济运行的今天，公司已成为最重要的一种经济组织。公司创造财富、提供就业、带动经济增长；公司推动创造发明、产生新的社会文化；公司影响社会秩序、推动制度建设。但公司也放大了人类的贪欲，带来权力失衡和贫富悬殊，超越了国家的巨型组织更容易偏离道德和约束。很多企业无论是实现的财务绩效，还是提供的产品服务，其影响力正在超出很多国家，尤其是在基础设施、基础服务领域更加显著。越是强大的力量，越是需要约束，这是人们心中的共识。

企业成长就像在地上画圈，圈越大，接触的外界边缘就越大，对社会的影响力越大，对社会的反作用力就越大。企业是社会的一部分，面对的是利益群体的多元化，不能只是在商言商，应该在商言社会。当前，企业面临很多新的监管要求、新的社会约束、新的治理关系及新的社会期待。这些要求、约束和期待来自监管者、社会、合作者、顾客等。他们是利益相关者，更是利益共同体。

长期以来，在传统公共管理理论主导下，政府处于一元供给主体地位，政府不得不独自面对日益多元化的社会挑战与社会风险。而新兴的治理理论则认为社会治理应该包含政府、企业与社会组织等多种治理主体，这些主体基于自身的功能优势与意愿，共同参与社会公共政策的决策过程。① 从党的十九大提出"打造共建共治共享的社会治理格局"，到党的十九届四中全会《中共中央关于坚持和完善中国特色社会主义制度 推进国家治理体系和治理能力现代化若干重大问题的决定》中"建设人人有责、人人尽责、人人享有的社会治理共同体"，企业作为社会的重要微观主体，服务社会、参与社会治理的角色进一步明确，企业与社会共融发展成为趋势。

潮流和共识

利益共同体正成为世界范围内的潮流趋势和共识。

2000年，联合国全球契约组织成立，旨在全球范围内动员企业和利益相关方创造一个我们想要的世界，呼吁将有关人权、劳工、环境和反腐败的十项原则纳入企业的战略和运营中，确保负责任地开展业务，同时也呼吁"价值与创新"，提出"以合作和创新为重点，采取战

---

① 阳镇，许英杰. 企业社会责任治理：成因、模式与机制[J]. 南大商学评论, 2017 (4): 145-174.

第六章 能发光的组织模式

略行动推动更广泛的社会目标的实现"，比如 17 项可持续发展目标（SDGs）。2004 年，联合国提出 ESG（环境、社会与治理），并于 2006 年发布了责任投资原则（PRI），推动全球投资机构将 ESG 指标纳入投资决策。2010 年，国际标准化组织（ISO）正式出台"社会责任指南标准（ISO26000）"，让利益共同体成为具体可操作的标准体系。

中国也很快加入其中，2011 年，全球契约中国网络由中国企业联合会和中国石化牵头在北京成立。2008 年，国务院国资委率先在中央企业层面推动社会责任工作，后又在推动国有企业走向世界一流的探索中提出"三个领军、三个领先、三个典范"，特别强调"三个典范"是要成为践行绿色发展理念的典范、履行社会责任的典范、全球知名品牌形象的典范。

除了政府和机构，利益共同体的理念也逐渐受到重视。2019 年 8 月 19 日，美国 181 位 CEO 联合发表了《公司的目的》宣言，修正了公司发展宗旨。股东利益不再是公司最重要的目标，公司最重要的任务是创造一个美好的社会。商界领袖们强调，作为一个具有社会责任意识的企业，公司领导团队应该致力于达成的目标包括：为客户提供价值，投资我们的员工，与供应商公平合理地进行交易，支持我们的社区和为股东创造长期价值等多维度目标。

2020年，世界经济论坛成立50周年的时候，发布了新版《达沃斯宣言》，重新阐述了"利益相关者"理念的重要性，强调企业存在的目的，是让所有利益相关者参与共享的、持续的价值创造。企业不只对股东负责，也要对地球负责；不仅要服务股东，也要服务客户、员工、社区和整个社会。公司不仅是营利组织，也是一种社会有机体。企业作为社会体系的一部分，它所实现的是人类和社会的期望。它的贡献不仅是通过股东回报来衡量，还必须根据它如何实现环境、社会和治理目标来衡量。

腾讯强调科技向善，2021年进行了公司第四次战略升级，把"推动可持续社会价值创新"作为核心战略，将服务对象从用户（C），发展到产业（B），再到社会（S）。用户、产业和社会三者，价值上互嵌，技术上耦合，产品与服务上同构，并成立了可持续社会价值事业部（SSV），投入1000亿元在基础科学、教育创新、乡村振兴、碳中和、FEW（食物、能源与水）、公众应急、养老科技、数字文化和公益数字化等领域展开探索，并启动了共同富裕专项计划。腾讯重塑了"CBS三位一体"的发展逻辑，其基本前提就是当互联网发展已经进入全社会、全行业的数字化和智能化阶段，社会价值的根扎得越深，长在上面的用户价值和产业价值才能越枝繁叶茂。

左晖在创造贝壳的时候说,未来这个行业就是长期主义对短期主义的基因战,长期主义背后就是ACN（Agent Cooperate Network,经纪人合作网络）文化的基础,坚持对客户好、对经纪人好、合作共赢和线上化。方太创始人茅忠群坚信,让"顾客得安心,员工得成长,社会得正气,经营可持续"。前三者为"义",义到则利成。带领两家公司走向世界500强的宋志平认为,好企业要有效益,要合规,要承担责任。具体来讲就是要投资有回报、产品有市场、企业有利润、员工有收入、政府有税收、环境有改善。稻盛和夫在强调"追求全体员工幸福"的同时,也强调"为社会的发展和进步做出贡献""为客人提供最好的服务"等,因为离开了相关各方利益的整体动态平衡,就没有了企业的生存发展,没有了企业的生存发展,也就没有了员工的幸福。事实上,无论是社会第一、客户第一、员工第一、伙伴第一、股东第一,都可以是对的,但前提是要从这个第一出发,最终实现了五方利益的整体动态平衡。

这些原则、倡议、宣言和行动为企业推动社会进步、环境和谐给出了新的明确性指引,扭转了以股东利益最大化为信条的经营理念,为企业力图在创造经济价值的同时，创造社会和环境多重共享价值打开了通途。

现实的需要

在万物互联的今天，企业之间、企业和个体、物与物之间、人与人之间的关系比以往任何时候都紧密。深处其中的企业要有命运共同体意识，要有合作的默契，要有利益的绑定，还要有长期的互信，尤其是当全行业面临技术攻关、需要大量投入、建立外部合法性等难题的时候。

比如在新能源汽车行业，动力电池的续航和安全问题，软件系统和硬件配合问题等需要整个供应链上下游要共同制定目标计划，共同成长，紧密合作。

又如数字化转型不是一个企业的转型升级问题，涉及诸多领域和上下游企业的配合，是一个非常庞大的系统工程，仅凭单个服务厂商的一己之力无法实现，是IasS（基础设施即服务）、SasS（软件即服务）和PasS（平台即服务）各个层面的供应商共同努力的结果。数字化服务厂商甚至需要和咨询公司一起在早期介入企业的战略制定、组织架构的调整，从顶层设计角度为企业的数字化成功转型奠定基础。客户、合作伙伴、厂商之间的互动需要更加紧密，形成数字化转型共同体。

第六章 能发光的组织模式

不断涌现的新业态、新模式中同样也需要这样的共同体意识。在互联网广泛应用的今天,"羊毛出在狗身上,猪来买单"的商业模式屡见不鲜,利益主体彼此之间依赖加深、休戚与共。

拿外卖配送来说,这已经成为移动互联网时代的一项基础服务。近年来,外卖员"等餐情绪失控砸东西""飞穿马路抢时间",甚至更过激行为的新闻不时出现,引发了广泛讨论。平台巨头们场景扩充的速度快于职业标准建立的速度,精练的算法系统在缩减配送时长、强化激励的同时出台了过重过细的惩罚规则,这在很大程度上提高了消费者对配送时间的期待值、外卖小哥的送达"潜力"和对时间的敏感度。消费者受久未送达、外卖不及时送到等问题之扰,外卖小哥受差评、超时扣钱之困,餐饮商家也加入这一时间竞赛中,很可能又出现了食品安全的问题。各方似乎陷入一个无解的循环中。

平台型企业的特性之一就是提供价值共创平台,为各方利益服务。在满足顾客的同时,保障骑手和商家的利益,外卖平台必须兼顾安全、速度和品质。这要求平台企业从"人性关怀"出发,在价值逻辑上和算法底层上加以调和。

从企业成长来看,过去40多年间,有不少企业因过度重视扩张，而忽略了法律与道德约束，忽视了社会责任的履行，如耗能产业给环境带来了污染。

从中国企业500强这一群体来看，社会责任的落实也仍具有很大的空间。信息披露很大程度上反映了企业对社会责任的认知、管理和实践水平。在2020中国企业500强中，有231家企业发布了社会责任报告，占比46.20%。尽管在此前的三年中，信息披露率大幅增长了14.4个百分点，但占比仍不足50%。排名越高的企业发布报告的积极性越高，前100名的企业发布的比例最高达到80%，后100名的企业中仅有21.0%发布了报告。[①] 排名靠前的企业拥有履行社会责任更强的经济支撑。或许这里面有更深层的原因，在这些企业中，社会责任和经济效益已经形成了相互助力的循环。

从事中国企业500强评比工作多年，经常面临朋友们发出的"质疑"——你们发布的榜单是500大，不是500强？一方面，中国企业500强确实面临整体盈利水平不高、研发创新能力不足等问题；另一方面，500强企业在人们心中的地位和形象不太"亲民"，这个营业收入总额相当于中国GDP总额80%以上的群体对社会有多

[①] 殷格非. 中国500强企业社会责任发展观察[J]. 企业家, 2021（9）.

少贡献，又有多少索取令人心存疑虑。这有一定的历史阶段性原因，却是我们必须面对的现实。两方面的问题已经同时摆到了500强企业这样一群国之栋梁、民之所期的企业面前，解决顺序不分先后。这不仅是企业践行新发展理念、实现高质量发展的内在要求，更是解决问题的基本遵循。

总之，共生共享将是未来的一种潮流，是解决企业成长中价值创造能力、创新能力、持续活着等难题的一种路径。企业在从大到强到优的过程中必须以"无我"的姿态，对自己的组织价值负责，对所有的利益相关者负责，以寻求在增量空间优化解决问题的答案。融入社会，履行责任，为共同利益服务，做出更大的价值创造已经成为企业成长的一场"开卷考试"。

CHAPTER 7

第七章
至关重要的企业家

三位一体的优秀企业家 = 革命信仰精神 +
现代市场精神 + 中国传统精神

——杨杜

改革开放40多年来，我国涌现出了一批优秀的企业家，他们带领企业创业创新，推动商业文明，让中国企业走向世界舞台。时代和文化赋予了他们独特的理想气质，他们身上有着难掩的家国情怀、创新精神和坚忍卓绝，对国家、对企业都是一笔重要的财富。在目前的中国企业中，企业家在企业成长中的作用举足轻重，甚至于一言九鼎，企业家的追求往往反映在一个企业的文化上。我们讨论企业的基本假设，以及在此基础上建立共生型组织，这是长期主义在企业文化和组织建设层面的一种体现。这对企业的持续成长而言非常重要，但同时也是一种非常挑剔的选择，它需要一些重要条件的支撑，其中最为重要的就是企业的领导者。这是一个极其消耗心理能量的过程，需要领导者有带领企业持续做强做优做大的坚定信念、对企业成长有职业信仰，遵从基本的商业伦理，要有强大的战略定力和高度自律性，要有能够不断学习和自我超越的能力。这一切都将对企业领导者提出更高的要求。

500强企业的掌舵者

当前中国的大企业主要是改革开放后成长起来的，

第七章 至关重要的企业家

40多年间,伴随着经济发展、产业更迭、技术进步,经过几次集中的创业浪潮,中国企业500强的掌舵者具有明显的代际属性,时代赋予了他们独特的气质和理想。他们带领着中国企业不断做强做优做大,也做久。他们所展现出来的企业家精神正是企业持续成长所需的,是我们要总结和分析的,是后来者需要学习和传承的。

1978年及以后的十余年,中国改革开放的序幕被拉开,以经济建设为中心的国家发展战略得到实施,激发了隐藏在社会不同群体中人们的创业热情。此时,我国生育高峰人口进入就业期,还有返城知青的庞大队伍,国有经济体制下难以解决如此多人群的就业。不容忽视的还有随着时代向前发展中先一步嗅到机遇的乡镇的"能人"们。他们共同组成了中华人民共和国成立后的第一代创业者。1979年,创办了公社农机厂的鲁冠球看到《人民日报》的一篇社论《国民经济要发展,交通运输是关键》,决定专攻万向节,这个汽车底部不起眼的零件见证了万向集团此后数十年的蓬勃发展。1983年,曹德旺承包了一家年年亏损的乡镇小厂,开始了玻璃大王的成长之路。1987年,复员转业的基建工程兵任正非创立华为公司,依靠代理程控交换机获得了第一桶金,开始了华为在通信设备领域的征程。他们被视为那一代企业家中标杆式的人物。

这一代的企业领导者大都没有受到高等教育但却善于学习、与时俱进，把握住了中国经济快速发展大好机遇。他们勤劳，能吃苦，也尊重常识，具有很强的中国传统文化给养中的创造精神和奉献精神。同时他们也敢闯敢干，敢于冒险，对市场机会充分警觉，在围绕着人们生活、生产的各个领域，打下了一片天地，他们所创办的各类"小厂"成为当今知名企业的前身，他们对"做生意"升级到"做企业"做出了探索，对于企业数十年的持续成长形成了中国式的经验。

1992年邓小平南方谈话之后，市场经济迎来大发展，国际先进技术、理念的涌入，诱惑着一批来自政府机构、科研院所的知识分子脱离僵化的机制，到市场中寻找机会，"92派下海"成为第二代创业者的注脚。王传福从北京有色金属研究总院离职，创办了比亚迪，此后在电池和汽车业中大放异彩；陈东升从国务院发展研究中心离开，创办了知名的民营保险公司泰康集团；王石带着他在广东省外经委的见识和经验，创立了包罗万象的万科；刘永好与自己的三位兄长一道，辞去在政府部门、教育机构和国有企业的公职，到四川农村，创出了我国最大的本土饲料企业集团——希望集团。他们的选择和成功，在一定程度上改变了读书人"学而优则仕"的传统路径。

这批企业家有着良好的教育背景和充满变革的热忱。他们有着体制内的阅历，更有通达的见识和极强的"知不足而后进"的产业报国精神。更重要的是，他们把现代企业治理的一整套制度体系带给了中国企业界，普遍重视"产权清晰""股份制""契约精神"等现代企业理念，并在自身企业中进行了制度探索与实践。

2001年中国正式加入世界贸易组织（WTO），加速融入全球化进程。同时互联网在世界范围内兴起，也在中国萌芽。一群在网上冲浪的先行者仿照国外的产品模式，创立了更加适应本土的企业。马化腾仿照OICQ，做出了QQ，创立了腾讯；李彦宏模仿谷歌，创立了百度；张朝阳、丁磊模仿雅虎，成立了搜狐和网易。马云创立了淘宝，刘强东成立了京东，开始和eBay、亚马逊一较高下。还有已经在互联网领域做出积极尝试，但还没创立小米的雷军和创立美团的王兴。

他们后来都成为互联网领域大哥式的人物，也是第三代创业者的代表。他们大都出身名校，具有全球视野，懂技术、懂市场，有敏锐的嗅觉，也有本土化的愿望和能力，从Copy To China（中国拷贝）到Copy China（拷贝中国），让电商、娱乐、本地生活等互联网新业态表现出了极强的生命力，并在世界范围产生了很大的影响力。他们所带领的互联网巨头探索出的新技术、新应用、新业态、新模式，对中国传统的经济与文化形态带来巨大的颠覆。他们重视技术创新，也重视管理和商业模式，重视员工福利，推崇花名文化，以现代化的管理方式推动企业快速走上正轨，快速增长，走向世界；以产业外溢和技术外溢，推动我国数字经济领域的大发展，提升国际地位。

2015年，"大众创业、万众创新"背景下的创业者已经走到了第四代。相比于前三代的前辈们，这一代的创业者生逢其时，技术、资本、政策和宏观经济环境等所有的外部力量都更加给力。大学生、科研人员、小镇青年，离开巨头、离开体制寻觅机会的人们，构成了更加广泛的创业群体。同时也出现了一批优秀的企业家，如字节跳动的张一鸣、创办拼多多的黄铮、商汤科技的徐立等。他们身上除了具备前几代创业者的共性，或者说是企业家应该有的特质，还有着难以掩饰的创新精神和远大抱负，所创造出的产品和服务，都承载着他们改变世界的梦想。他们所处的时代，他们自身的学识、见识和胆识，让他们带领企业在短时期内快速崛起，也快速积累起了个人的财富和声望。形成反差的是，他们更容易"断舍离"，张一鸣和黄铮不约而同地卸任领导者职务，专注于企业未来战略发展和社会责任。

除了自主创业者，还有组织培养者。中国企业500强的领导人中，有不少是在年轻时期进入一个企业组织，和企业一同成长，并带领企业跃上新的台阶。比如从轧花厂一名普通工人做起，将沙钢集团打造成首批进入世界500强的民营企业家沈文荣，还有从北新建材的技术员，一步步和企业一同成长起来，掌管中国建材和中国医药两家中央企业的双料董事长宋志平。

尽管不同时期的企业家具有那个时代的鲜明特质，也有传承和共性，共同组成了中国当代企业家的底色和气质。杨杜教授提出的优秀企业家"三位一体"的精神——革命信仰精神、现代市场精神和中国传统精神，正是对此进行的精辟总结和凝练。革命信仰精神是中国企业家人群最为典型的特质，它包括爱国敬业、遵纪守法和艰苦奋斗；现代市场精神则是通过创新发展、专注品质、追求卓越，不断把产品做好，与西方企业实现平等竞争；中国传统精神则是由履行责任、敢于担当、服务社会所构成，它们是中华民族伟大精神的瑰宝，是我们取之不尽、用之不竭的文化源泉。

2017年9月8日，中共中央、国务院发布了《关于营造企业家健康成长环境 弘扬优秀企业家精神 更好发挥企业家作用的意见》的文件，不久后，企业家精神被写进中国共产党人的精神谱系。这样的高规格不仅回应了企业家的关切，更体现了高层重视企业家、弘扬企业家精神的意志，彰显了企业家这一稀缺资源之于企业成长，之于国家发展的重要意义。

从企业家成长的实践逻辑和国家发展需要的政策逻辑看，企业家本身及其精神特质都是不可或缺的。于企业的持续成长而言，企业家更是至关重要。企业家在企业中往往一言九鼎，影响的不只是企业文化的假设系统这一企业成长的底层支柱，还有组织内部员工的行为逻辑，外部利益相关群体的合作选择，其视野格局、个人特质、职业能力等都会深刻影响企业的成长走向和成长节奏。那么，我们试图花点篇幅来描述一下那些带领企业持续成长的企业家画像。

持续创造的成事之心

企业家要有"成事"之心，这是优秀企业家的第一要务。熊彼特认为，企业家真正追求的是成功的事业，

第七章 至关重要的企业家

是对创造的享受。不然你很难理解为什么有的企业家屡败屡战、有的早就财富自由了仍在打拼。杨杜教授从人性假设的角度提出，企业家是奋斗人假设，他们是为客户服务的人，不是为了打败对手，而是以客户为中心干事业；他们投资于未来，不仅仅着眼于眼前利益，不仅仅交易于现在；他们是具有使命感的人，办企业是他们的使命，而不是为了满足生活的需要或者为了所谓的财富和名誉。企业领导者要有强烈的企图心，要有带领企业实现持续成长的强烈愿望，不断在员工、客户、利益相关群体中寻求价值观的广泛认同，要能够把持续创造的热情嵌入产品服务和企业文化、制度里边，并吸引大量的追随者和合作者。

企业家成事不仅需要强烈的愿望，还需要具备能够触达的心智。彭剑锋教授提出，成功企业家的三大特质，有情怀、懂江湖、通人性，缺一不可。

对于企业的持续成长而言，企业家的成事之心，要建立在以下四个基本点之上。

一是有责任心。企业家要胸怀远大梦想，这比拘泥于选择进入某一个行业或者赛道更能决定企业成长的空间有多大。马斯克是非常典型的例子，他的三个关于改变世界的梦想令人叹服。那就是互联网、可再生能源、太空探索，于是他做出了网络支付方面的 PayPal，电动车特斯拉、太阳能发电，并用 SpaceX 在太空探索方面取得了成就。企业家的责任心源自做企业的初心，也受到社会伦理和道德的约束，要有带领企业推动社会价值持续发展和建立人类命运共同体的远大目标。否则企业走不远，也活不长久。

二是懂人心。企业的领导者必须通人性。对内，要知人善用，发自内心深处地尊重人才，通过机制去扬人性善、抑人性恶，激发人才的内在潜能，如此才能建立起过硬的人才队伍，才有成事的坚强保障。对外，要了解客户，以极致的、不断迭代的产品来满足其需求。商业本质上是利用人性、满足人性的过程，那些帮助企业持续成长的产品，其问世和普及，无一不是深谙人性的结果。同时相信客户是"聪明的"，只要我们提供足够的价值，客户自然回馈同等的信任。

三是秉持"中正"之心。一方面要持正心、走正道、做正事、得正果，敬畏基本的商业伦理；另一方面要遵守基本的商业规则，在利益相关者中处理好如何做大蛋糕、分好蛋糕。企业家要有舍"小我"谋"大我"的精神，以大格局和大胸襟去系统化地思考整个产业体系的价值创造逻辑，要追求共生价值和长期价值，要有利他之心,不仅要对自己的组织价值负责,也要对共生型组织成员的价值成长负责,关注点从内部兼顾到外部,形成广泛的价值创造集合。这样的生意才能团结一切可以团结的力量,让一个生态体系中保持健康和稳定。

四是要有破局之心,不断超越。张维迎教授指出,企业家决策不是在给定约束条件下求解,而是改变约束条件本身,把不可能变成可能。对于真实世界的企业家来说,不仅资源、技术和消费者偏好不是给定的,甚至游戏规则也是可以改变的。几乎所有的企业成长中都历经"九死一生",企业家如果没有不断破局的勇气和杀伐决断,企业的持续成长将困难重重。

虽千万人吾往矣

信念是一切行为的精神内核。稻盛和夫说,纯粹而强烈的愿望所带来的信念,拥有超越一切智慧、一切战略战术的力量。巴纳德在《经理人员的职能》一书中指出,经理人员不仅自身要符合复杂的道德准则,还要为别人制定道德准则。这是向组织或合作系统、客观权力体系灌输观点、基本态度和忠诚的过程。企业家是对公司未来心怀憧憬,并能付诸实践的人。斯坦福大学商学院院长加斯·塞隆纳强调企业家的目标是以前所未有的方式把资源重新组合起来。毫不夸张地说，企业家是企业的核心，在公司的发展过程中，承担设计者、布道者、控制者、合作者等诸多角色，随着环境的变化，这些角色也会更加复杂，更加重要。企业的长期主义行为和持续成长能力源于企业领导者坚定的信念和非凡的定力。企业能走多远，很大程度上取决于企业家的信念。

信念来源于使命，企业的领导人要对"企业家"这个职业和肩负的职责有清晰的认知。企业家要有远大理想和抱负，相信"活着就为改变世界"。有媒体评价，"独立思考、突破，信念感、逻辑思维"构建了王传福的内心世界。这种坚固而笃定的世界观让其坚信电池储能一定会占领未来新能源技术的战略制高点，也深刻影响着比亚迪的战略选择和战略定力，决定了比亚迪的持续成长道路。

企业领导者要有非凡的定力，要带领企业怀揣信仰，沿着一条既定的轨道走下去，以企业家的非凡定力让企业获得发展的稳定性。这不仅要求企业家个人高度自律，对自我严格要求和持续进步，更重要的是将这种信念深植于企业文化，成为组织信仰。柯林斯和汉森在《选择成就卓越》一书中称其为高度自律，这是他们描述"10

倍领先的领导力"的第一个特征，即在企业整个发展过程之中，不论环境如何改变，都对价值观坚守，对长期目标坚守，并且坚持高水平的绩效标准。很多优秀的企业家对此深有感触。杰克·韦尔奇强调企业成长中要让使命、行动和结果协同起来，即整个组织要有着共同的使命、共同的行动，从而达成共同的结果。霍尼韦尔的前领导人高德威将领导力归结为三种截然不同的任务。第一，掌握动员大众的秘诀。第二，为团队或组织确定正确的前进方向。第三，能够团结整个团队或组织，沿着正确方向，朝着预定目标前行。并且强调动员大众仅占领导者职责的5%，最卓越的领导者则几乎把全部时间用在了后两个方面：做出英明决策，并且始终如一地执行决策[1]。

企业领导者的定力，对组织成员的影响至关重要，其根本逻辑在于企业文化的形成，员工和共生体成员统一的价值观、行为习惯不是灌输出来的，而是通过观察企业领导者的决策与行为所领悟的。企业领导者所表现出的价值观取向，会直接影响员工对于工作性质的理解、工作期望的满足，影响到利益相关者的认同和合作。海

---

[1] 高德威. 长期主义[M]. 崔传刚，译. 北京：中信出版社，2021.

信"技术立企"的基因与董事长周厚健密切相关。1992年，周厚健刚任厂长就在研发队伍中破除了"大锅饭"，实行奖金与开发成果挂钩的方法，大幅度提高技术人员工资，涨到一线工人3倍，形成了推动海信技术发展的"特区"制度。在当时环境中，周厚健表现出的胆识和决心弥足珍贵海信也因此逐渐形成了"宁可减少在其他方面的投入，也不吝啬在技术上的投入"的行为习惯。企业文化尤其是基本假设的形成，需要长期打磨、刻意建设。

企业领导者必须高度自律，尤其是在困难面前保有足够的定力，才能形成价值观和行为的集体共识，才能让价值观真正发挥出对员工和合作者的引导力和约束力。2006年的TCL，面临并购法国阿尔卡特手机和汤姆逊彩电后的巨大整合挑战和技术替代危机，同时国际业务全面亏损，一直高歌猛进的国内手机业务迅速衰落，危机四起。50岁的李东生写下《鹰的重生》一书。他借用鹰在40岁时脱喙、断趾、拔羽以获重生的故事，激励TCL面对困境，重塑品牌。TCL面临着的是当时中国制造的典型困境，从价格和渠道优势占领市场后，如何走出"大而不强"的质疑并成功跨越国际化门槛。这需要"李东生"们的坚韧不拔和非凡定力。时至今日，TCL已

第七章 至关重要的企业家

经在过去10年连续入围中国企业500强榜单，并成为中国企业走出去的领头羊之一。正泰集团董事长南存辉说："水要烧到100℃才会开，如果你烧到99℃，就撂下它另起炉灶，新的一壶还没开，原有的就已经凉了。"他带领的正泰集团在遭遇光伏产业逆流时，坚持看准方向不轻易放弃，最终在全球光伏电站拥有了一席之地。

危机感和自我进化

优秀企业家几乎都有强烈的危机意识，在"离破产只有18个月"的焦虑中如履薄冰。他们对企业未来发展的前途充满担忧，具有某种"偏执"的心理。带领中国平安从无到有，成长为中国三大综合金融集团之一的马明哲，在每年集团的新年致辞中不断提及的关键词是危机感，曾经连续五年在年度干部大会上发表题为《我们别无选择》的演讲，而且强调"平安的创新，不是为了创新而创新，而是来自市场瞬息万变、优胜劣汰的深刻危机感，这已经成了平安文化的DNA"。马明哲的危机感传导到组织，驱动平安进行持续而壮阔的组织创新和变革，在科技企业进军金融领域的压力下，得以扎实地进行"金融＋科技""金融＋生态"等战略调整。

实际上，企业领导者的危机感源于自然、社会中的一个普遍规律，那就是任何一个组织都是有生命的，并且非常容易疲劳，衰亡是在时间轴当中不可逆转、也不可抗拒的必然规律。这首先在热力学领域被发现，克劳修斯认为在孤立的系统内，分子的热运动总是从原来集中、有序的排列状态趋向分散、混乱的无序状态，系统从有序向无序的自发过程中，熵总是增加的。当熵在一个系统内达到最大时，系统就处于能量平衡的静寂状态。这便是组织的死亡状态。而华为能持续存活并成长的奥秘，正是基于对组织必然死亡的清醒认知，并运用"耗散结构"理论，通过不断增加"负熵流"来使系统从无序状态转化为新的有序状态。任正非具有强烈的忧患意识，在一篇广为流传的文章《华为的冬天》中可见一斑，他说："十年来我天天思考的都是失败，对成功视而不见，也没有什么荣誉感、自豪感，而是危机感。也许正是这样才存活了十年。"任正非将华为"能否活过明天"的危机意识不遗余力地在公司传播，并在华为的管理变革中大力推行。从1996年的"集体大辞职"，到2000年的"内部大创业"，从2007年的"老员工大让位"，消除工号文化，再到2010年的"奋斗者大排队"，华为成立至今一直在"折腾"，一直在通过持续变革保持长期的奋斗精神。华为在过去近30年的时间中，对组织不断凝聚，又不断耗散，从而保持混沌的有序状态，保持持续的系统活力。

危机意识要求企业家们能够自我批判，并进行自我进化。从我们国家的几代企业家成长经历看，有很多企业家的商业教育都是通过自我训练完成的。他们自我进化的动力既来源于身居要职的责任心，还有深植于内在的好奇心、忧患意识。这与他们是否经历过专业课程的学习关系不大，而是因为外部环境快速变化带来的挑战和商业实践的残酷，要求企业家们必须在企业实际经营中完成商业理念的认知优化和持续迭代。企业家对企业和环境相处之道的认知判断和价值取向，直接影响着企业的基本假设、文化习惯和价值创造方式。企业家需要不断自我进化，不断超越自身经验的局限和身处行业的局限，以带领企业不断跨越成长障碍，跑出持续成长的曲线。

企业领导人的认识水平往往是一个企业认知的天花板，企业家需要不断自我进化，把握时代脉搏。鲁冠球带领万向集团从社队企业成长为最大的民营跨国公司，在近半个世纪中复杂多变环境下的顽强生存和发展，背后正是鲁冠球的"与时俱进"和"与事俱谐"。鲁冠球算不上标准的好学生，只接受了7年的学校教育，但从创业初开始，却数十年如一日保持着勤奋学习的状态，每天保证4个小时用来学习，阅读量不会少于几万字。很多企业家酷爱读书，习惯思考，在这个过程中不断更新知识体系，修正企业的成长路线。宋志平每天不管多晚，回到家都会读上一两个小时的书。张瑞敏每年的图书阅读量据说超过100本，藏书多到需要分类员打理，其中以哲学类书籍居多。我们想进一步讨论的是，企业领导力不能依赖于企业家个人的自觉。企业的制度设计中，要将个体的领导力升级为一种综合的、团队的、梯队的、蕴藏于文化与制度中的、遍及组织各个部门各个层级的网络式领导力，从而为长期主义注入持久的力量。同时，企业领导者也需要建立一种企业文化层面的纠错机制，不断修正来自领导者个人的认识和决策偏差。

企业领导人要勇于打破思维定式，不断超越既有经验和优势，在更大的视野和格局中解决当下的困境，判定未来的方向。企业家精神的核心是创新和冒险，这在剧烈变化的时代当中更具挑战性，它不仅需要企业领导人坚信创新的价值，愿意为创新做好基础的制度建设和组织保障，更需要企业家对机会和变化保持敏感，必须持续学习，把握好由此带来的价值创造逻辑的变化。张瑞敏说，"鉴于知识的易腐性，学习比了解更重要"。因此，他将领导人的角色诠释为一种主动学习和实验，海尔六个阶段的发展战略进化就是建立在这样的模式上的。海尔价值观的第一条"自以为非"，正是源自黑格尔的自我否定说，这个肯定用户、否定自己的方法论指引着张瑞敏和海尔不断自我颠覆。"没有成功的企业，只有时代的企业"，让海尔不断自我进化。

清醒、理性和克制

企业领导者要保持足够清醒，要明白"企业家是企业的企业家，而企业不是企业家的企业"。企业家引领企业建立使命和价值观，带领企业实现持续发展，其在企业成长中的作用举足轻重，甚至于说一不二。也因此，企业家和企业融于一体，是企业文化、发展战略等方方面面的灵魂。但企业家要保持冷静和某种疏离，要做到确保企业作为一个经济组织的稳定性和独立性。尤其是当企业规模做到一定程度，有了更强的公共属性和社会属性的时候更为重要。企业家一方面要淡化"企业就是养大的孩子"这种血脉感，要让"孩子"在更广阔的疆域成长，实现经济价值和社会价值。另一方面要学会在具体经营上放手，多在战略层面作思考。

企业领导者要坚信商业价值永续，在短期和长期之间寻求平衡。自改革开放以来40多年间，很多行业经历过很长时间的野蛮生长，而后才慢慢进入规范发展的轨道，而那些"率先放弃短期看起来不错、长期看起来很麻烦的事情"[①]的企业大都成了行业的领先者。在房地产中介行业，早期发展并不规范，有一个潜规则是真假房源同时发布，用假房源去吸引准客户，以推动真房源的销售，盈利模式便是吃差价，链家创始人左晖将其形容为"能吃到差价的欣喜是真实的，但买房者和卖房者的愤怒更加真实"，其中充满了矛盾、对抗。行业竞争很惨烈也很低端。左晖带领链家下决心开展信息公开透明的真房源行动，率先放弃赚信息不对称的差价模式，转向认认真真提升服务水准，在促进成交后赚取踏踏实实的服务费用，链家也成长为行业真正的领头羊。其中体现出了一种价值观的取舍，是选择坚持做"难而正确"的事情。

企业领导者要有"克制"之心，在企业成长中保持踩油门和刹车的平衡。这对于企业活得好、活得久，特别重

---

① 链家创始人左晖内部讲话：《尊严离这个行业太远了》。

要。企业家精神天然是冒险和创新的，是颠覆现状，推陈出新，但企业家的职责必须包含控制风险，控制颠覆的节奏。生物学上人体的成长靠的是细胞受控分裂，不受控的细胞分裂就是癌症，会疯狂消耗掉宝贵资源，带来的定是肌体的枯萎与死亡。带领企业做大做强是企业家的使命，踩油门和刹车要配合使用，讲究的是节奏感和控制力。在企业要不要多元化扩张，以什么样合理速度保持增长等问题的背后是企业能力建设、抓住市场机遇和企业发展目标之间的适宜。这是企业家要把握和平衡的，也是作为一个企业家必须要有的对模糊性的承受能力，既要把气球吹大，又不能把气球吹破，要找到影响企业各类发展要素之间的平衡点。任正非说，"公司未来每棵树的全球市场占有必须企望达到全球前三，没有可能达到的立项要控制。坚决不在非战略机会点上消耗战略竞争力量，不仅因为我们没这么多钱，也因为我们管理不好这么多拖油瓶。"这正是企业家的清醒和克制。

企业家不是什么

我们粗略地描述了带领企业持续做强做优做大做久的企业家应该是什么样子，难免一家之言。随着时代向前发展和企业实践的丰富，画像会更加清晰，相关论据也会更加充分。现在，我们从另一个角度讨论企业家不是什么，来完备持续成长的企业中的领导者边界。

首先，企业家不是连续创业者而是持续创业者，要打的是持久战而不是游击战。这里不是要耍文字游戏的小聪明。在市场机会、创业热情和资本弹药的渲染下，2015年前后互联网新业态发展过程中出现了一种连续创业现象，打一枪换一个地儿，在创业——变现——创业——变现中不断获利。如果不是从企业持续成长问题出发，无论是创业者主观意识还是客观诱惑所致，都难以评判高下。但企业持续成长必须锚定长期主义的领域或者长期主义的能力，需要企业家不困顿于眼前一城一池的得失，打好持久战。在这个过程中，必须像创业者一样敢想敢干、敢于创造，就是我们强调的要持续创业。

其次，企业家就是企业家，无法兼顾政治家的职责，去追求社会的公平正义和民主自由；不应该像科学家那样，去追求纯粹的科研成果和人类新认知；也不应该忽视激烈的市场竞争去著书立说作专家学者；更不应该在肩负企业重大经济责任之时兼作慈善家，争当道德模范。社会分工，各有所长，对大多数人来说，做好企业家这个职业已经不容易。与此同时，我们也要提醒，企业家要在一定程度上兼具科学家的气质和专家学者的底蕴。这是快速变革的时代和复杂多变的环境对企业家的要求。王传福、马斯克是带有很强的逻辑思维、理性、执著的科学家气质的企业家代表,这为他们在新能源行业的突破进取无疑提供了助力。稻盛和夫、张瑞敏和宋志平等则带有很强的哲学思想底蕴,这让他们在处理复杂关系、应对极端情况、激发人心时更加从容。

CHAPTER 8

第八章
创新与活力

创新是第一动力。

——中国共产党的二十大报告

知识就是力量，而让知识发挥作用的，不是其本身，而是面向市场进行创新的企业组织。熊彼特指出，企业天然是创新的主体。彼得·德鲁克认为，"美国之所以可以持续繁荣，甚至超越了经济学家对美国经济周期的预测，尤其是在1965年到1985年的二十年间，没有出现'康德拉季耶夫周期'的衰退，最根本的原因在于'创新'和'企业家精神'扮演了前所未有的重要角色。"创新对国家的进步、城市的发展和生活的改善，都是不竭动力，对企业寻找生机、构建优势更是必要条件。但创新往往意味着真金白银的投入，并不是每个企业都有这样的能力和胆识。创新意味着向前探索和转换赛道中的未知风险，那么企业如何进行有意义的创新，切实将创新转换成实实在在的价值创造能力就变得至关重要，这也是企业保持活力和持续成长的密码。这个过程中，需要点燃每一位利益相关者，尤其是员工的创新意识，点燃其心中的企业家精神，在物质、精神等方面给予全面的富足。

500强企业的创新现实

中国在改革开放40多年来取得如此巨大的成就，离不开企业蓬勃发展和富有进取的创新实践。按照中国企业联合会发布的数据，2021年，中国最大的500家制造业企业共持有专利数量130.45万项，较2012年增加102.60万项；其中发明专利达57.49万项，较2012年增加49.98万项。这显示出了制造业大企业在创新中取得的大幅进步。当前，我国企业的研发投入和拥有发明专利占全国比重都达到了70%左右。不仅是大企业，中小企业创业创新也十分活跃，全国4万多家"专精特新"企业、4700多家"小巨人"企业、近600家单项冠军企业，依赖于在细分市场的突破，取得了领先地位。这一切构成了中国经济社会的发展活力。

同时，也必须承认，我国企业的创新存在着一些窘境，尤其是研发投入不足。2021年，中国500强企业的平均研发强度（研发投入总额占其营业收入总额的比重）为1.81%，只有5家企业的研发强度超过了10%，16家企业的研发强度超过5%。10年之前，中国企业500强的平均研发强度为1.33%，10年间总体上提升了不足0.5个百分点。无论从绝对值还是增长水平上看，我国大企业的研发强度都还不足以令人心安。在很多领域，我国大企业的技术受制于人的情况还比较明显。

从过程来讲，创新是一个漫长、艰难、包含多个阶段的复杂过程。费尔普斯将创新的完整过程分为八个阶段，从新产品或新工艺的概念，到前期准备、融资决策、工艺开发，再到市场推广、用户试用及评价、大规模生产及改进等。这整个过程涉及方方面面的主体，不仅是企业内部各个部门的员工，还有客户、供应商、政府、媒体等。创新依赖于企业自身的创新构想、战略安排、资源实力，还有风险承受能力等。但这只是开端，要获得良好的发展前景，还必须依靠整个系统，依赖于整个产业链上下游提供的专业知识和人才经验，依赖于整个产业生态提供的产品推广机会和风险投资支持，依赖于社会系统提供的允许试错的氛围和宽容失败的制度安排。创造新产品、新市场、新产业充满风险和不确定性，是一个制度环境和约束条件不断变革的过程。

纵使如此，我们还是发现一些充满企业家精神的敢闯敢干者，在同样的大环境中，他们对创新的坚持，在未知风险中所做的探索，获得有价值的创新成果就更显得弥足珍贵。其背后的一些创新逻辑更具价值。

以迭代和优化解决实际问题

如果说持续的投入是企业创新的态度，那么迭代和

第八章 创新与活力

优化就是创新过程中要坚守的原则。创新的效果难以立竿见影，面临着不断反复甚至推倒重来的压力，企业要从解决实际问题出发进行波浪式创新，从客户需求出发一点一点螺旋式进步。

亚马逊遵循"逆向工作法"，即从顾客需求出发，把创新的重点放在客户真正关心的问题上来确定技术方向。如果现有的技术储备不够，就大量引入科学家和工程师，通过有活力的组织形式进行创新突破。因而，亚马逊的产品和服务有极其明显的迭代性。"逆向工作法"是与"技术导向法"相对的一个概念，"技能导向法"强调使用现有技术和能力来驾驭商机，基于既有资源和能力决定创新的方向，这在短期内可能奏效，但长期会让企业跟不上时代和客户的步伐。诺基亚被微软收购时，有句话广为流传——"我们没有做错什么，但不知为什么，我们输了"。是的，马车被铁路取代，铁路又被汽车分流，未来汽车也有可能被某种飞行工具代替，又错在哪里了呢？错的只是他们太看重既有的某种能力，而忽略了这些能力存在的意义是为了解决某种需求，而不是强化能力本身。

阿里巴巴在2009年开启的"双11"购物节，为淘宝的崛起提供了强大的用户基础平台，但也带来了两大问题。即订单数量大大超过物流的承载能力，爆仓不断；数据流量大大超过传统IT架构的承载能力[①]，卡顿甚至宕机的风险近在咫尺。为了应对这种局面，阿里巴巴一方面打造菜鸟物流，提升电商的物流体验；另一方面布局云计算，坚持每年投入10亿元，连续投10年，推进核心系统上云。时至今日，菜鸟物流和云计算在为购物体验保驾护航的同时，也都已经成为阿里巴巴的支柱业务。阿里巴巴以网购需求为圆心持续扩大服务半径，螺旋式推进各项业务的耦合和优化，终于成长为数字基础设施巨头。

潍柴深耕内燃机行业数十年，始终把产品的差异化优势定位在可靠性上，但可靠性是否可以作为创新方向遭到不少质疑。潍柴给出的理由是，可靠性是中国内燃机与世界先进水平最大的差距所在，是阻碍行业发展的锁喉之痛，同时可靠性的提升还是进行节能减排、轻量化等开发或者新技术应用的基础和前提。潍柴坚持的是"有态度的创新"，解决的是产品的实际问题。

---

① IBM的小型机、Oracle数据库、EMC存储设备，合称"IOE"，这是IT设施的标准架构。

第八章　创新与活力

📊 越过锋刃的创新态度

我们要明确一个基本观点，产业进程是缓慢的，因此创新投入必须是持续和长久的。从历史上来看，汽车的发明到普及用了至少一百年的时间，互联网从发明到深刻嵌入人们的社会生活花了约 50 年时间。漫长不意味着停滞，而是迭代和精进，深处其中的企业要看到产业进程中的机会，更要有耐性，保持创新过程中的专注力，但并不是不计成本，而是认准一个领域或者围绕一种能力有节奏地精耕细作。

持续的研发投入必不可少，且不受企业所处的行业左右。制造业自不必言说，华为、海信、大疆、比亚迪、恒瑞等分布在通信、家电、汽车、医药诸多领域的优质企业都是依靠持续投入获得了核心能力和长期发展的底蕴。纵然是依赖人力、依赖商业模式的服务业，也必须依靠投入才能强化竞争壁垒，享受到科技的红利。海底捞紧跟潮流，推出智慧餐厅；便利蜂在成立之初就投入数字系统来提升零售的价值。2021 中国企业 500 强中，阿里巴巴和腾讯超过一众制造业，进入研发投入前三名。如果说工业经济时代开始于"跑马圈地"的话，那么知识经济时代就必然要"跑马圈知"。专利、标准等所有有价值的知识资源都正在成为先知先觉者们"争圈"的对象。

创新成果的考量不仅是专利、标准等产出，还要给企业带来切实的能力提高和成长质量的改善。比亚迪强调"技术首先为战略服务，其次才为产品服务"。进入新能源汽车行业的比亚迪看准了动力电池和 IGBT[①] 是这个行业的阿喀琉斯之踵，不仅在技术上难以跨越，还有成本占比的考量。相比而言，磷酸铁锂电池在成本、安全性方面具有优势，三元锂电池因为续航里程更受青睐。新能源汽车在补贴的驱动下，为了获得更高的能量密度和续航里程，三元锂电池的镍和锰大比例调整，从 523 到 622，再到 811[②]，安全性不断下降，"自燃"事件时有发生。比亚迪坚持对磷酸铁锂电池的市物应用和技术创新进行不断迭代，研发出了"刀片电池"，提升了单位体积能量密度，实现了续航里程的跃升，还通过了电池领域最严苛的安全性能检测——针刺试验。我们难以从技术上判定电池的未来方向，但可以评判比亚迪做"刀片

---

① IGBT，绝缘栅双极晶体管，是能源变换与传输的核心器件，俗称电力电子装置的"CPU"。

② 523、622、811 就是在三元锂电池的正极中镍、钴、锰三种材料所占的比例，镍的比例越高，储能性越好，但安全性会相应降低。

电池"的初衷：突破技术瓶颈，安全可靠、长续航和低成本。这是从企业战略和企业定位出发而做出的选择。

在进入新能源汽车领域的第二年，比亚迪就开始布局车规级 IGBT，2022 年已经拥有了 32 位车规级 MCU 芯片，还在更高阶材料 SiC（碳化硅）上取得了重大突破。毛姆在《刀锋》中说："一把刀的锋刃很不容易越过。"但越过之后，也将是另一番天地。比亚迪进入新能源汽车行业近 20 年，从电池到半导体越过了一个个刀锋，提供给市场更具独特的价值，赌赢了市场"前哨"。2022 年第一季度，比亚迪实现了乘用新能源车销量全球第一。

以边缘孵化跨越 S 曲线瓶颈

企业成长的 S 生命周期曲线为人熟知，其实从初创到成熟的这一条大 S 曲线是由无数条小的 S 曲线叠加而成的，只有成功突破了这些小 S 曲线的瓶颈期，才能不断拉长大 S 曲线，让企业活得足够久。在既定的市场需求轨道和技术轨道中，小 S 曲线往往具有某种衔接性和连续性，但在颠覆性技术来临或者需求变轨时，S 曲线就会表现出跨越性，企业也将迎来第二条大 S 曲线的成长。

必须承认的是，在一个不确定的环境中，识别延续性技术还是破坏性技术是非常困难的，不然也不会有那么多企业因为过度创新而死于黎明之前。即使能够预见颠覆来临，跨越赛道、大胆创新，做出选择本身是需要极强的魄力和胆识。克莱顿·克里斯坦森在《创新者的窘境》中指出，颠覆性的创新通常都不发生在行业的前三名。因为延续性技术往往用来改善当前市场主流客户所看重的性能，破坏性技术则带来了新的价值主张，开始时用户需求比较小众，风险较大。领先企业受到固化的价值网络影响而不投入这些市场，从而给了新企业通过破坏性技术实现颠覆性创新的机会。新企业积累了规模性的客户后，反过来吞食领先企业的市场。这深刻地反映在手机、相机和硬盘等行业的更替发展中。

领先企业并非不具备开发颠覆性技术和开拓新市场的能力，但也会因为眼界和选择陷入窘境。"不创新是等死，创新是找死"是对此生动的反映。企业也似乎陷入一个二元悖论中。我们不能无偏差地去鼓励企业要孤注一掷地抓住机遇、大胆投入，因为馅饼或者陷阱往往都是事后的表达。那么企业是否可以通过系统性思维，建立相应的组织和管理机制来平衡这两种技术对企业的影响呢？很多企业做出了有成效的探索，其共性都是用一

第八章 创新与活力

个小的机构或者团队独立去开辟一个新战场。

腾讯做社交软件的 20 多年，从 QQ 到微信，完成了从电脑端到手机端的跨越。微信诞生于广州的一个小团队，而不是腾讯的大本营深圳。回过头来看，微信踩对了移动互联的节拍，但也并非一帆风顺，在推向市场的半年中，微信的用户数都未曾突破 100 万。在腾讯内部，这样的产品几乎不值一提。后来微信推出"查看附近的人"功能，在没有动用腾讯固有优势资源的前提下，日增用户数一跃到 10 万以上，才让腾讯开始全力投入。而看到个人电脑时代到来的不仅有 IBM，还有 DEC（美国数字设备企业），IBM 选择了在外部孵化，DEC 在内部成立专门部门，但受到其他部门带来的压力及投入产出性价比的考量，结果也显而易见——IBM 顺利从大型机过渡到个人电脑时代。

很多领先企业对行业有深耕和资源的沉淀，它们的员工对技术方向的理解往往是先进的、领先他人的。早年在润迅做工程师的马化腾，发现即时通信比传呼机的效率高很多，建议企业开发这个新产品，正享受传呼机红利的润迅拒绝了。而柯达的员工中已经有人发明了初级的数码相机，但得到的反馈却是，如果生产数码相机，我们的胶片卖给谁？如果当年润迅和柯达们以开放的心态，选择用一个小团队去尝试这些破坏性技术，让其用市场化的方式肆意生长，这些企业的走向或许是另一番模样。

从这些成功或者遗憾的选择中，我们能够领悟到的是，"破坏性"创新业务在既有的框架中往往难以开花结果，因为在其表现出很好的前景之前，所受到的压力不仅来自市场，还有内部的固有利益格局和价值体系。正如德鲁克在《创新与企业家精神》中告诫的那样，不要将经营部门和创新部门混合在一起，永远也不要将创新项目放到现有的管理部门当中，也绝对不要让负责现有业务运营、开发和优化的人员来承担创新任务。

激发每个人的企业家精神

企业家精神是一种创新的精神，不局限企业家，而是社会全体成员都可以表现出来的创造力。就业与增长理论奠基人埃德蒙·费尔普斯在《大繁荣》和《活力》中都反复强调创新的民主性和个人在创新中的作用，认为创新的实践者不仅包括企业家，还包括领先用户、传统的工匠和劳动者，不光是科学家和科研人员，社会的所有个体都有与生俱来的能力去产生原创性的想法并付

第八章 创新与活力

诸实施。

当前,数字技术改变了市场主体和市场要素的互动方式。由原来的以企业为中心,即制造商和服务商主导生产和市场,转变为以个人为中心,越来越具话语权的客户获得了由洞察推动的个性化体验,企业内部的各类员工及企业连接到的合作者也将获得更多直面客户的机会。IBM商业价值研究院将这种新的互动方式称为"人人对人人(E2E[①])"模式。比如,猪八戒网"聚众智、汇众力、创众业",整合大量专业人员为企业或者个人提供品牌营销、软件开发、财税和科技咨询等定制化的解决方案。海尔打造的互联工厂,不仅为用户提供系统的智慧生活解决方案,还让用户通过智能终端看到并参与产品定制研发、生产到服务的全过程。用户由交易的重点变为了交互的节点,体验得以不断升级,而相关各方也通过全流程与用户的零距离互动实现了共创共赢。

此外,我们正面临一些新的创新趋势——从单一产品创新向生态系统创新转变;从单一企业创新向联合创新转变;从企业主导创新向多主体参与创新转变;从竞争创新向共享与竞合创新转变;从价值单一业务的创新

---

① E2E,End-to-End,一般指从终端到终端。

向价值多元业务的创新转变。这些都让合作型创新关系在各行各业中逐渐占据主导地位，个体的企业家精神和创新活动的重要性更加突出。组织内部成员和合作伙伴需要被赋予更多的权限和信任，让他们勇于担责，勇于创造。与此同时，当前企业身处的时代，员工个体自我独立、自我价值崛起，同时万物链接，开放协同已经成为共识，也为激发每个人的企业家精神做足了准备。

需要强调的是，激发个体企业家精神并不意味着全员都去想新点子和新创意，在开放式创新和共生共赢过程中可能会出现"公地悲剧"，内部个体或者合作者在短期目标考核的驱使下，可能会无暇顾及企业整体品牌和能力建设，而导致企业发展后劲不足。清华大学经济管理学院教授陈劲提出的"整合式创新"正是考虑到了这样的背景，并提出企业要在组织战略的指引下，有效配置和利用创新活动所需资源，实现企业自主创新和开放创新的高度协同。

点燃员工心中之火

企业创造就业，其发展也高度依赖员工。持续成长的企业依赖于人的长久而充分地发挥价值。宋志平强调，企业发展要看到"大家的心",点燃员工心中之火,尤其是创新这一充满挑战和风险,收益滞后的领域更是如此。激发员工的活力,是企业创新的重要依靠。在创新中点燃员工心中的火,调动其积极性,需要有让其充满活力和感知富足的制度安排。

对人的基本假设与组织属性的不同观点,很大程度上决定着组织内部的制度设计、结构安排与行为规范,进而影响着人与组织之间的交互方式,影响着组织价值创造的具体实现过程。经过不断调整和进化,我国企业管理中对人性的假设正由单位人向社会人、经济人与共享人转变,人与组织之间也从单位制下的"捆绑体"逐步发展成工具理性下的"经济契约体"和价值理性下的合作共赢[1]。企业界在"人的价值释放"这一命题上的探索从未止步。尽管不同的人性表现出一定的递进关系,但总体上因为需求的复杂性和价值的多元化,不同的人性假设应当处于并存状态,并基于此做出相应的制度安排和组织安排,才能实现员工在物质、精神等方面的全面富足。

---

[1] 肖红军,阳镇. 新中国成立70年来人与组织关系的演变——基于制度变迁的视角[J]. 当代经济科学,2019(5):24-37.

物质激励是基础

物质激励当然很重要，实实在在的收入是对员工的付出最起码的尊重，是能够吸引到优质人才的基础。每一位入职腾讯的新员工都能领到一副"福利扑克"。王牌就是传说中的"10亿安居计划"，还有30天全薪病假、15天半薪事假、工作满3年还有50万元无息购房贷款……多达54种福利。腾讯诱人的薪酬体系不仅在于"发钱"，而是它一整套的回报与激励体系设计，甚至还包含了员工退休时的待遇安排。完善的经济保障，尤其是在同行中有竞争力的薪酬，会让员工受到极大的鼓舞，进而做出全部的努力。

做好物质激励却并不容易，对员工创造价值的客观评价和公平的分配至关重要，"不患寡而患不均"和"钱给不到位"同样都会带来副作用。在一个完善的物质激励体系中，要把创造价值、评价价值和分配价值统一起来。更何况，企业看重的是员工的价值创造力，而不仅仅是时间支出和体力消耗的多少。所以BCS（平衡积分卡）、KPI（关键业绩指标）、OKR（目标与关键成果）和KSC（关键成果因子）等考核激励方式层出不穷，终极目的就是建立能够实行让员工有感知、有动力的薪酬体系。

海尔将创造财富和分配财富统一起来，让员工把钱赚得明明白白。海尔打破科层制，取消了12000名中层管理者。通过十余年的"人单合一"模式探索，海尔建立了用户付薪的薪酬考核机制，给每一个有追求的平台主、小微主与创客价值创造的机会，这也是实实在在的诚意。

可以预见的成长

可以预见的成长能够激励人心，激活员工内驱力。

可以预见的成长是对企业持续发展的确定性。万向集团"奋斗十年添个零"可谓大气魄，企业日创利润每10年增加一个零的同时，员工最高年收入每10年也跟着增加一个零。从创立到20世纪70年代末的第一个10年，万向集团的员工最高年收入超过1万元。第二个10年，员工最高年收入超过10万元，到现在员工最高年收入也达到了1000万元。2021年，吉利汽车董事会共批准3.5亿股额度，向一万多名员工授予其中的1.67亿股，当时市值约为45亿港币，其余用于晋升发展和吸引新员工，让更多员工分享企业发展成果。这是当前很多企业的做法，也是企业和员工共同成长、共同奋斗的基础。

可以预见的成长，还要打破论资排辈，让员工有稳定的上升通道，这在国有企业尤其重要。烟台万华是这方面的典范。作为一个化工行业的老国企，烟台万华以"让人的创造性劳动按市场价值体现"为遵循，建立了一整套有活力的内部激励机制和公平公正、有为有位的环境。2019年，80后干部占所有管理者的60%以上。在烟台万华的发展历史中，1999年，烟台万华可以拿21万元重奖技术人员，现在研发团队的技术成果盈利提成可以达到亿元级别，这是员工全情投入攻关难题的定心丸。烟台万华还设置了管理、研发、生产等多个职工晋升序列，让每个人都能在其中找到自己的上升通道，确保员工两到三年就有一次成长进步的机会。得益于此，烟台万华从四处寻求国外技术屡遭碰壁、工资都不能足额发放的窘境中成长为全球化工企业50强。

可以预见的成长，要设立更高的目标和期望，让员工有挑战自我的机会，这是留住人才的关键。方洪波从美的的内刊通信员起步，45岁出任美的集团董事长，活成了所有职业经理人羡慕的样子。这背后是美的创始人何享健一步一步地托举和支持，也是方洪波不断超越自己的理想，以更高标准要求自己，带领下属奋力前行的结果。方洪波以极大的魄力收购KUKA（库卡）和东芝，推动美的数字化转型，进入工业行业机器人领域，以智慧家居+智能制造让美的成为行业引领者。

第八章 创新与活力

善待和尊重

如德国哲学家康德所言，人是目的，不是工具。让员工斗志昂扬，为共同的事业奋斗的前提是要让员工获得安全感、满足感和成就感。万向集团倡导尊重员工、关心员工、善待员工，营造企业和谐环境。在2008年国际金融危机中，万向集团提出"不裁员、不降薪、不降福利"的"三不"原则，保证了员工队伍的稳定，提升了企业的凝聚力和向心力。

员工是企业内部的顾客，在服务业更是如此。员工和服务一体两面，"服务至上"的另一面便是服务的提供者——员工至上。海底捞的服务令餐饮界乃至整个服务行业内卷，很多同行到海底捞"偷师学艺"，但学到的只是皮毛，其原因就在于难以有一样的人情味和气魄，难以给员工真正的温暖和授权。海底捞创始人张勇将此总结为很朴素的一句话——"把员工当成家人"。海底捞的员工大都来自农村，对城市生活并不适应，甚至感觉是陌生的。海底捞让员工住在有空调、能上网和有人打扫卫生的高级公寓里；给员工的留守孩子们建学校，给留在家里的老人每个月寄生活补助；海底捞还教给从农村出来的员工们怎么看地图，怎么坐地铁，怎么使用银行卡……

　　房地产经纪行业的员工和很多面向 C 端的销售员一样，在初期面临"不被待见"的问题。这和行业早期的草莽发展历程有一定关系。左晖认为尊严是自己争取来的，这个群体需要的一是专业，二是操守。贝壳强调要给经纪人培训专业的服务能力，而非技巧性的行业话术。当然，受待见需要从内而外，只有在内部得到尊重，在内部得到足够的安全感，才会在外部得到尊重。贝壳给经纪人较高底薪的同时还提供比较好的保障，比如经纪人被跳单了，企业会做出补偿。如此，经纪人才会在专业能力和职业信仰上坚持。

　　让员工保持学习力，持续获得内在的提升是对员工的最大善待和尊重。学习力有两个底座，分别是组织氛围和个人热情。得益于互联网所带来的互联互通和技术赋能，人们不再轻易地把自己固化在某个组织或某种角色里，也不再像以往那般依赖组织，而是更多地将目光聚焦于自身的知识和能力，并且期望与组织的关系从循规蹈矩和流程化的层级关系与雇佣关系，进阶为非雇佣的平等关系与合作关系。企业需要构建并按照新的范式加以强化管理，引导和助推个体将自身的创新力和创造力转换成真正的个体价值，并融合为整体的组织价值。

一方面需要提供足够的学习和信息交流机会，形成一种平等、亲切且积极的沟通氛围和组织形态；另一方面要激励成员高度自治、自我承担职责和发挥关键作用，同时要注重成员之间的良性互动和深度合作，构建和维系更具融合性、持续性和发展性的价值关系网络。

授权，再授权

在管理学中，信任是一切业绩的基础。信任无法通过财务报表反映出来，但其所迸发的力量却覆盖企业生产和管理的方方面面。信任的标志就是授权。华为说，"让听得见炮声的人做决策，让听得见炮声的人呼叫炮火"，把权力下放到直面客户的一线，让一线员工参与到企业的决策制定中来，能提高决策的正确度，还能激发员工的荣誉和认同感。在海底捞，张勇只管100万元以上的签字；100万元以下是由副总、财务总监和大区经理负责；一线的普通员工都有先斩后奏的打折权和免单权。这种放心大胆的授权让同行匪夷所思，也让海底捞的用户体验达到一种极致。

除了要让一线员工拥有决策权，更重要的还是一线员工在"听到炮声"后要能够及时、顺利地呼唤到来自组织系统的炮火支持。这就要求信息在传递过程中不失真，要求有灵活高效的决策和沟通机制。现在很多互联网企业用花名、外企用英文名，还有些企业直呼本名，就在于去权威化，让人人平等地接受和反馈全部信息。字节跳动倡导"Context，Not Control（情景管理，而不是控制管理）"，强调员工靠价值驱动，而不是任务驱动；将信息看作资源，让其在组织内部自由流动，而不是将信息看作权利和控制的工具；要对外部环境能够快速、敏捷地做出反应，而不是依靠严格的流程来审批决策。字节跳动因此做到了极强的"扁平化管理"，从决策层到执行层，遇到项目需求，不需要层层报批，旗下的抖音在这样小步快跑中迅速突围。这就是张一鸣强调的要实行"分布式计算机"决策模式，而不是只依靠最上面的一台超级计算机来做决策。

总之，只有充分放权、授权，发挥人的最大潜力和价值，去除烦琐的科层级制，才能避免冗官冗政和效率低下的大企业病。

CHAPTER 9

第九章
为美好社会持续奋斗

生意就是生活的意义，生活是持续的，
所以才有了商业的永续。

——陈春花

在开篇讨论企业持续成长的应然观时，我们从"人们对美好生活的向往"为出发点，来探究商业的永续价值，讨论商业在美好生活创造过程中的生生不息。在赛道选择中，我们旗帜鲜明地提出，对于以持续成长为目标的企业而言，选择赛道，就是选择一个可以长期付诸行动的领域，每一个行业都不可或缺，都有长期存在的必要性，都是能够养大鱼的大水。而这恰恰是企业作为组织在人类生活中所承载的意义和实现组织价值的基础。在本书的最后，我们要回到企业本身，讨论其作为一个组织对个体、对地域和对社会的价值。商业的向善，是造福社会的中坚力量，那些怀揣改变世界的伟大梦想，并付诸正确行动的企业正是建设美好世界的领导者。这些企业也终将成为持续成长者。

企业的组织价值

早在公元前325年，亚里士多德在《政治学》中就对城邦（组织）的产生根源进行了探究，认为组织是作为一种目的而存在，是完成所有人类目标的一种集体行为，个人无法实现的行为目标能够通过组织这一形式予以实现。这是对组织非常早期且有深远意义的阐述。外交家薛福成在提及企业的威力时，更是有"尽其能事，移山可也，填海可也，驱驾风电，制御水火，亦可也……西洋诸国，所以横绝四海，莫之能御者，其不以此也哉"[①]的说法。

提升人类福祉

企业创造需求，改变生活方式，推动社会的进步。企业的存在，是为了满足某种需求。一些先进的企业更是从解决社会问题出发，将提升社会福祉的远大理想融入企业的经营愿景和日常行为。从公共事业到日常消费，从能源材料到康养娱乐，企业创造了绝大多数的商品和服务，令人们的物质生活和精神产品极大丰富。熊彼特说，"光是制造出令人满意的肥皂还不够，还必须诱导大家洗澡"。于是，企业发明并传播了体臭和口臭的概念。企业通过创造需求，满足需求，让人们的生活方式、工作方式发生了翻天覆地的变化。同时，企业在经济效益的驱动下，不断推动产品供给的高效、优质、便捷和性价比。这在很大程度上带来了平等，令贵族或富人享有的特权和生活品质，飞入寻常百姓家，全面提升人们的

---

① 薛福成曾是清政府驻英、法、意、比四国公使，在《论公司不举之病》中描述了企业的威力。

生活质量，让普通人对美好生活的向往得到极大满足。

　　企业广泛连接，并将资金、技术、土地、劳动力和市场有机结合，创造出巨大财富。2022年，中国企业500强的营业收入总额达到108.36万亿元，相当于同期GDP的89.54%。诺斯解释英国在工业革命中取代荷兰的原因时强调，除了发明和科学活动的增加，纺织、钢铁等领域的技术创新，更重要的是企业这样一个新组织方式的出现和广泛发展。伟大的发明能变成造福社会的产品，依赖于将新生产要素组合在一起的企业家，依赖于建立新的生产函数的企业组织。爱迪生发明了电灯，让人类摆脱了地球自转周期影响，其背后是爱迪生找来摩根大通作为投资者并成立了电灯公司，建立了世界上第一座发电厂，完善了电力基础设施。小米只用了9年就进入世界企业500强，原因就在于它和外部企业、开发者做了深度连接，建立了小米生态链。埃里克·拜因霍克在《财富的起源》中强调，物理技术、社会技术和商业设计是促进社会财富增长的绝对力量。物理技术主要是各种硬技术创新，社会技术则包含了社会网络、合作沟通体系。而商业本身就是一种设计，包含了商业策略、组织结构、管理流程、文化等，是经济进化的支柱。商业将物理技术和社会技术融合在一个策略中，形成一个非常完整的动态的闭环，推动社会不断向前进化。

企业持续投入，引领社会发展。当科技创新显示出创造利润的能力后，企业就会表现出对技术发明的强烈热爱，纷纷设立实验室和研发机构，并从收入中拿出一定的比例用于尝试新想法。"研发投入"成为一种流行的管理名词，并在各行各业取得重大创新突破。如果说企业这一新的组织方式让英国崛起，那么以企业为主体，大范围设立实验室，以耐性和远见，巨资推动新想法、新发明转化成新产品则是美国繁荣的重要力量。据统计，从17世纪到20世纪70年代，被经济学家认为改变了人类生活的160种主要创新中80%以上都是由企业完成的[1]。晶体管诞生的贝尔实验室开启了第三次科技浪潮，杜邦用7年时间研发的尼龙-66（一种化学聚合物）让整个世界进入高分子化学时代。当前绿色科技、纳米科技、通信科技等新技术也正由企业攻克解决。今天，全世界70%的专利和三分之二的研究开发经费出自企业。市场显示出强大的进化机制，优胜劣汰，合作共赢，都让企业成为创新的机器，各行各业从基础研究的突破到产业应用和优化，不断求解创新方程式，推动人类文明进步。

---

[1] 引自央视纪录片《公司的力量》。

影响社会秩序

大笨钟被视为英国的重要象征，1858年它最初的出现是用于传递一种崭新的时间观念——标准时。此前，各地的时钟都是根据太阳运行各自调整的，但铁路公司的出现挑战了这千年不变的自然法则。因为，如果每个镇都按照太阳照过各自教堂塔尖的位置来校准时间，火车的运营将错乱不堪。随着铁路的蔓延，人们对标准时的要求更加迫切。在美国第一个全国统一铁路时刻表诞生后，上帝的时间被改用人间的指针来度量。改变这一切的，不是宗教，不是政治，而是一个叫作铁路运输企业的组织。

当然，被企业改变的，绝不仅仅是时间，在过去的几个世纪里，企业改写了资源配置的方式，人与人相处的秩序，国与国竞争的规则。今天，我们生活的这个社会，从有形到无形的种种成就，纷纷写下企业之名。企业是一种组织、一种制度、一种文化，与社会深度互动，相互嵌入，互相影响。

企业雇用劳动、提供报酬，让人们既获得收入，又因为企业组织生产，并供给产品和服务，而成为企业的顾客。经济社会得以循环运转的同时，个人也获得了美好的生活体验和工作的成就感。改革开放40多年来，我国城乡就业总量从4亿人扩大到约7.8亿人，就业结构发生巨大变化。1987年，务农人员占到70.8%；2018年工业和服务业的就业人员占比分别为27.6%和46.3%，合计73.9%[①]。同时，就业方式越来越灵活，新职业不断涌现，共享员工、自雇型就业等形式不再陌生。2015年职业分类调整后，我国新职业增加了347个。从就业总量到就业结构和形式的变化，企业主体作为主要的就业渠道发挥了关键作用。这个世界上的绝大多数人，正通过企业这样一种组织形式获得收入，并享用企业组织提供的从物质到精神的各类产品和服务，这个过程中社会秩序得以建立和完备。

社会运转的基础是建立一种资源配置、要素流通的规则体系。按照科斯定理，市场交易成本高于企业内部的管理成本时，企业便产生了。现代企业通过更加精细的专业分工与广泛的合作，对各类资源、客户需求、合作伙伴、技术和产品进行连接和整合，提升效率，降低成本的同时，也影响着社会生产、要素流通的方式，并构建出一个现代化的社会化大生产和大协作的体系。很

[①] 程杰. 改革开放40年我国就业发展回顾与新时期展望[J]. 中国发展观察，2018（24）.

多大企业不仅能够带动产业链上下游企业发展，还能整合全球资源，开展共性技术研发和产业通用服务能力建设，在行业发展和产业链治理机制等方面发挥作用。京东以一家企业之力，打造覆盖了全中国的智能化物流体系。沃尔玛在20世纪80年代就有了自己的通信卫星和计算机系统，建立起覆盖十几个国家、数万家的商场和供应商的采购、供销网络。而产生于数字经济时代的平台企业，已然是一个连接千百万商户、劳动者和消费者的生态系统，它们彼此之间共生，又因为生态系统中资源要素的多元性，就业、民生、创新等议题的重要性和社会紧密共生。

社会秩序是动态有序平衡的，"创新如命"的企业不时给秩序以"挑战"，在秩序变革过程中，自发扮演着发动机和催化剂的角色。被誉为"中国新四大发明"之一的共享单车，近百家企业在短短几年间扎堆涌入，解决人们"最后一公里"出行困境，也将五颜六色的车占满街道，行人无路可走，还有堆积如山的废车"坟场"，令城市管理者一度面临交通治理难题。同样还有在红灯中飞奔的外卖小哥、短视频乱象、电商平台假货等，给线下线上的良好秩序都带来过挑战。微信和微博崛起，覆盖10亿网民，民众掌握了舆论的发布权和选择权，金

第九章　为美好社会持续奋斗

字塔式的精英传播模式被改变，自媒体浪潮中的公序良俗不断被提及和审视。当然创新者和监管者也一起寻求解决之道，并建立新的秩序。我们也看到企业用新的商业文明和创新力量来为社会正常运转保驾护航。新冠疫情中，滴滴第一时间成立保障车队，为一线医护人员提供专属保障服务，美团、京东、盒马鲜生帮助解决配送"最后一公里"难题；满帮平台做好货运运力调度，助力打通保畅通中的堵点、痛点。

社会秩序的建立基于人与人、人与社会相处所遵循的道理和准则，它处于无形，却有强大的影响力。随着大航海带来了疆域的扩展，汽车为世界安上了轮子，信息技术改变了时空限制，人类数千年来建立在亲友、乡邻关系中的传统商业已无法满足企业的雄心壮志，现代企业的发展必须跨越血缘和地缘，超越人格和亲情。人们通过契约而非等级身份达成交易，崇尚效率、竞争和市场驱动，根植于人性深处的贪婪，在公司创造财富的过程中被无限放大。诚信危机、道德冷漠成了社会症候，天生逐利的企业受到责难。一批企业开始重新思考社会使命和社会责任，重视企业伦理。相比于文化关注组织内部成员的理念和行为一致性，伦理则考虑的是社会共性价值观，解决的是企业是否受到尊重的问题。尤其是前沿科技的发展，掌握细胞克隆技术、人工智能技术、大数据技术等的企业必须重视技术与伦理和谐共存，因为这涉及人伦、道德、隐私等问题。欣慰的是，我们看到越来越多的企业正在做出努力。

促进全球联通

企业想要更大的市场、销售更多的产品和服务，获取更廉价的资源和劳动，获取更稀缺的资源和人才，实现更好的经济效益，于是它们穿越民族国家的疆域边界，扫除建立世界市场的障碍，进行全球采购和全球贸易，在境外投资、设厂。跨国企业出现了，并展现出富可敌国的实力。跨国企业推动生产要素的全球流动和配置，建立全球化供应链，左右着世界的经济运行，成为促成全球化的传动机制，在经济全球化进程中发挥至关重要的作用。从繁华都市到偏僻乡村，无数个普通人获得了分享现代文明成果的可能，也参与到全球一体化进程当中。是否拥有影响世界市场的强大企业，已经影响到一个国家的外交话语权，大国博弈经济化越来越突出。

根据《2020年世界投资报告》数据，2020世界跨国公司100大的海外资产占比、海外收入占比、海外员工占比分别为58.30%、59.96%和51.13%，这意味着世

第九章　为美好社会持续奋斗

界最大的100家跨国公司在本国以外地区所拥有的资产、所获得的销售收入都接近了60%，本国以外地区所雇用的员工也达到了50%以上。经过数十年的探索，我国企业的跨国发展也取得显著成绩。2020中国跨国公司100大的海外资产占比、海外营业收入占比、海外员工占比分别为16.80%、21.27%和10.23%，虽然与世界跨国公司相比还有很大差距，但已经显示出从简单的"走出去"转向"走进去""走上去"，从国际贸易转向本地化深耕，从资源获取转向资源整合与能力提升的趋势。

传统企业成长理论中，企业的成长是一个不断突破地域边界的过程，逐步从省级到国家，再到世界级，国际化进程大都是渐进式的。在数字经济时代，一批科技企业在出生时就携带了国际化基因，利用多国的资源、向多国销售产品来构建竞争优势。我国以赤子城科技、传音和希音（Shein）为代表的一批企业已经开始了"天生国际化"探索。希音（Shein）能在全球200多个国家和地区开展进行快时尚服装业务，在于其超级柔性的供应链体系，更在于其利用大数据技术敏捷追踪全球时尚趋势。希音（Shein）没有固定的服装风格，而是根据当地客户偏好进行敏捷制造和供应。数字经济天然链接海量数据和巨量用户，全球数据驱动的跨国经营正在为世界经济带来效率提升，并提供了改善生产生活的无限空间。

推动地域繁荣

毋庸置疑,企业给地域带来了发展,给国家带来了繁荣。大企业更是起到地域经济"火车头"的带动作用。以500强企业为例,过去20年,我国企业500强的营业收入增长率远高于全国GDP的增速,这在很大程度上支撑了我国GDP的增速持续高于全球水平,并对世界经济增长的贡献率达到30%的发展成绩(见图9-1)。同时,我国大陆企业入围世界企业500强榜单的数量从11家增

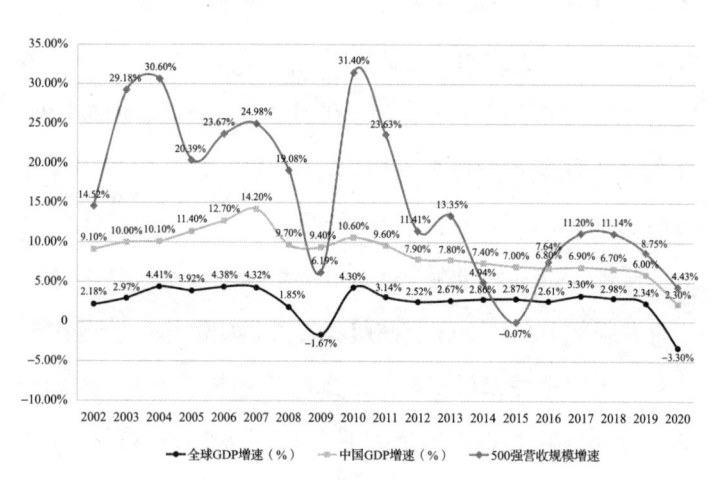

图9-1 2002—2020年中国企业500强与全球及中国国内生产总值增速

长到132家，成为入围数量最多的地区。这契合了中国经济在全球的地位，更确切地说，推动了中国经济从全球舞台的边缘走向中央。

再看各地区的情况，20年来中国企业500强对地区经济发展的贡献持续加大。以一个地区的500强企业营业收入总额和这个地区的GDP比值，大致可以看出500强企业的影响力。2002—2020年，中国企业500强营业收入总额和国家GDP的比值从55.44%增长到88.42%，中间还一度达到过99.68%的高值。其中，甘肃省的变化最为显著，500强企业营业收入与地区GDP的比值由2002年的7.01%提升至2020年的67.60%。

同时，企业给城市发展带来了发展的原动力。平安、腾讯、招商局、华为、大疆等一批创新型企业让深圳充满活力和朝气，在城市高质量发展的"跑道"上，吸引汇集了各类人才、资金、资源、技术。一家企业带动一条产业链，一条产业链带动一座城市发展的例子比比皆是。大疆让深圳也成为全球无人机的重要生产基地，被誉为中国的"无人机之都"。阿里巴巴除了助力杭州成为世界电商之都，还帮助杭州孕育出了数字经济的富饶土壤，成为互联网新业态的孵化器。宁德有个赤鉴湖，湖边的一侧是宁德新能源建筑群，另一侧则聚集了30多家锂电上下游企业。格力和珠海的共振，伊利和内蒙古的同频，都在相互成就中携手共进。是否拥有足够数量的强大的企业，已经成为关乎一个地域、一个国家经济实力的关键要素。

除了大企业，中小企业中的佼佼者——专精特新"小巨人"也足够让人引以为傲。"群象经济"闻名的山东，因处于传统领域的"大象"们发展保守，被质疑发展活力不足。随着一批批"小巨人"和单项冠军脱颖而出，展现出蚂蚁雄兵的力量，让人们看到山东经济的底色，山东不仅有"大象"，更有"蚂蚁"。事实上，"大象"们也正和"蚂蚁"们通过产业链来连接、合作、协同，共同推动山东经济重新焕发生机。这正是整个中国地域经济发展的缩影。

在造福社会中持续成长

商业是一种向善的力量，其最高层次是造福社会。

IBM成立100周年的时候总结过前人做对的三件事：一是及时了解科技的变化，不断尝试运用科技去解决今天以及未来商业或社会的重大问题；二是企业的现代化管理不断变化，除了企业文化、基本价值、信念这三条不要改，所有现代化管理都可以丢掉，重新再学；三是因为我们的存在，让世界变得更好，让社会变得更有价值。

我们在前面的章节中提及了非常多优秀企业的例子，在战略、文化、组织、创新各个方面呈现出它们的长期主义，这些都是企业不断向内精进的定力。它们在向外生长、向外连接、向外融合中也闪闪发光，是建设美好世界的领导者。这里简要总结它们的共性以及带给我们的启示，更重要的是展示一种榜样的力量。

造福社会的理想主义

亨利·福特将流水线引入汽车生产，促进了汽车的大规模生产，价格大幅降低，让汽车进入普通家庭，为世界装上了轮子，福特汽车也成为最大的汽车制造商。这是造福世界的行动，也是这个世界给福特"制造一辆人人都买得起的汽车"的理想主义的馈赠。当今，各种各样的公司并存于世，产品不同、规模不同、管理不同，但它们都承载着各自的梦想，都在不同程度上为社会贡献价值。理想主义不是不切实际，而是对基于服务美好生活、创造美好社会，增强人类福祉信仰的追求，是能够驱动企业沿着愿景使命在主航道持续优化、持续改善，更是为企业不断拓宽成长空间的通途。

很多优秀的企业家和企业正怀揣这样的理想主义，为建立美好世界持续做出努力和探索。迪士尼用想象力给无数人建造了一个找到快乐和知识的地方。中国交建坚持"让世界更畅通、让城市更宜居、让生活更美好"的企业愿景，作为主力建成了新世界七大奇迹之一的港珠澳大桥，以中国交建为代表的基建企业在世界范围内建设了中国路、中国桥，让"天堑变通途"。国家电网以"人民电业为人民"为己任，突破了特高压输电技术，让"停电"在中国成为历史，向世界输送了电力技术标准，已然是全球最大的公用事业企业。美团把互联网这个典型的数字化平台，和餐饮、酒店、旅游、电影、零售等与人们生活息息相关的实体产业深度融合，帮助大家吃得更好，生活更好。阿里巴巴为了"让天下没有难做的生意"，打造了两大体系，即消费者、商家、第三方服务供应商构成的商业的生态体系和电商、物流、云计算和金融等构成的基础服务体系。这些企业都足够有影响力，成就它们的是不断向内精进的定力，更重要的还有它们改善生活、造福世界的理想和勇气，以及所付诸真诚的行动和努力。

真诚而不仅仅是慷慨

现代社会中，企业公民不仅是商业机构，也是社会组织，企业要成为富者、强者，更要成为仁者。很多企业投身公益、慈善事业，尤其是在洪水、地震、疫情等自然灾害中慷慨捐款捐物，令人动容。无论是500强大企业还是中小企业，都在不同程度地做公益和捐赠，这和我们"穷则独善其身，达则兼济天下"的传统文化不无关系。真金白银的慷慨值得鼓掌，但却没有发挥一个商业组织所能为社会做出贡献的最大可能性。

企业社会责任的本质在于通过建立与企业内外部利益相关方的社会联系，基于企业的经济功能承担面向利益相关方的社会性议题，进而承担对多元利益相关方主体的社会责任，最终创造涵盖经济、社会与环境的综合价值，提升社会的整体福利[1]。陈春花和尹俊研究发现，企业如果能将社会问题转化成商业机会，和社会共生，将会创造更大的总价值，带来的社会价值和商业价值都要远大于原有水平，实现双赢。因此，我们想强调领先企业的慷慨，不仅是捐钱、做公益，还要以商

---

[1] 肖红军，阳镇. 新中国70年企业与社会关系演变：进程、逻辑与前景［J］. 改革，2019（6）.

业方式真诚地为利益相关者服务，真诚地为社会创造价值。

从事物的另一面看，仅靠慈善捐赠和政府投入解决社会问题确实也难以实现，需要各方共同面对、共同解决，要把社会问题和社会需求变成一个"有利可图"的商业行为，才能可持续。而一家企业的长远发展，其内部一定是有"反商业"的东西长期且稳定存在，并被广泛认同。单靠商业逻辑，企业难以和这个世界持续对话、产生共鸣。领先企业不仅要创造财富，还要在新的商业文明方面作出表率；不仅要追求经济效益，还要重视社会价值，努力让这个世界变得更加美好。

尤努斯创立了"乡村银行"，专注于向最穷苦的孟加拉国人提供小额贷款，成为社会企业的典范，也让人们看到了在"公益"和"营利"之间的可协调性。阿里巴巴将用户的绿色低碳生活计算为"绿色能量"，用于养护虚拟树，同时会捐赠公益机构，种下实体树或守护相应面积的保护地。这不但能激励用户培养绿色生活习惯，增强用户黏性，同时也是履行环境责任的抓手。建设银行为农村用户打造了"裕农通"平台，与村委会、供销社等主体合作，将银行的窗口搬到"村口"，还建立了奶业、肉牛、水果特色产业链金融服务模式。大企业发挥优势，将公众、政府、公益机构、企业等各个主体聚拢一起，各司其职，各得其所。

和利益相关者站在一起

商业是一场共赢的游戏。拉金德拉·西索迪亚等在《美好企业》一书中指出，美好企业就是那些认识到利益相关者价值创造原则并依据这些原则找准自己定位的企业，强调利益相关者并非固定价值池中的竞争者、食利者或者乞讨者，而是积极贡献者和合作者，这就是"企业炼金术"。

如何平衡不同利益相关者？似乎很难，但如果企业已经将自身视作一个由利益相关者所组合成的集体，那么，这个问题就容易多了。因此，这首先是一个认识论的问题，当前企业组织相互关系、相互连接，不断进化，仅分析局部，无法充分理解组织。我们需要用整体观来理解组织的多维性和复杂性。约翰·麦基在《伟大企业的四个关键原则》中指出当利益相关者出现冲突和取舍时，伟大的企业会充分发挥人类无限的创造力，开创共赢的解决方案，超越这些潜在冲突，并给这些相互依存的利益相关者带来共享的利益。

为了更好地整合、服务利益相关者，企业需要关注以下几个方面的事情。

一是要平等地和利益相关者站在一起，不是以"我"为主，不是大平台的垄断思维或者赋能思维。"种草"平台小红书在2022年上线了《社区公约》，对社区商业进行规范，主张打击"虚假种草"、反对黑灰产业链。《社会公约》这种形式是值得赞赏的，它像一种底层设计，人人都需要遵守的"基本共识"，目的是促进符合平台、商家和广大消费者共同利益的社区公共环境，体现的是"共治"精神。

二是要创造价值而不是拆分价值，要共赢而不是零和。我们思考问题的出发点不是如何在利益相关者之间合理地分配责任和利益，而是要创造需求，共同做大蛋糕，把各个主体都作为价值创造和利益分享的对象，尤其是和上下游、同行之间，要有合作的思维，而不仅限于竞争思维。早年的腾讯因为"抄袭者"背负了很多骂名，3Q大战后，腾讯开始思考平台责任以及公共属性，以"只留半条命，剩下的半条命交给合作伙伴"的气魄，给业务大幅度做减法，只专注于连接器和内容生产，同时开放平台，扶持创业者，只用了4年的时间，市值从1万亿元就增长到了4万亿元。不仅是腾讯，各个利益主体显然都分到了更大的蛋糕。

三是要关注生态体系和价值链条中的短板。布鲁诺·罗奇在《互惠资本主义：从治愈商业到治愈世界》一书中指出，"一家企业无法在商业世界里独善其身，必须依靠整个价值链的协同合作，才能基业长青。而价值链的竞争力往往由最弱的那一环决定，一旦最弱的环节崩溃，麻烦会波及所有相关的业务伙伴，整个价值链都会受到负面影响。因此，企业除了关注自身，还要确保价值链上最弱的合作伙伴不发生问题，这样大家才能一起获益"。回顾三聚氰胺事件的本质，除了涉事企业对产品可靠性这一基本要求背弃的表象，根本上还是乳业各环节利益的不对称，成本控制压力过度向分散且缺少议价能力的上游生产者集中的危机总爆发。

让技术成为人类进步的合作者

首先，毋庸置疑的是，拥有技术就拥有了创造更大价值的可能性，获得了更大成长的自由。我们翻看过去20年持续在500强榜单中的企业及那些行业中的领导者，无一不是在各自的领域内实现了技术的突破。假设未来，将卫星和物联网技术用于农业，那么作物冠层、土壤水分都能得到监测，农作物将迎来更大的丰收；将AR（增强现实）技术用于建筑，那么工人可以"穿墙"

洞悉建筑中的一切，进行精准地建造和维护；将区块链技术用于全球贸易，接近运输成本 1/5 的各种合同文档将不再需要，更能从根本上解决了真实性和欺诈问题。技术在过去和未来无疑都在影响和改变着世界。

其次，不同主体、不同要素之间通过关系连接，也通过技术连接。新一代信息技术带来了更广泛的连接和更深层次的洞察，人们工作和生活变得更加丰富和美好。且不说互联网和数字经济的发展让产品和服务跨越时间和空间，人们在线办公、在线娱乐、在线健身，生活和工作方式极大丰富，机器和产品可以被感知、识别和管理，变得更加智能。三一重工将具备联网能力的工程工具与各方各业的应用连接起来，建立了远程数据监测和服务平台，还延伸出了保险业务，打造出了面向多个行业的工业互联网服务平台。

最后也是最重要的一点，技术带来了更多的包容，"科技向善"有了可以更大的作为和空间。腾讯的数字产品把文本转换为手语，帮助聋哑儿童克服阅读障碍。2021 年河南洪灾时，腾讯与用户共创"救命文档"，帮助救援人员与受灾民众信息对接，24 小时内浏览量超过 250 万，让不少身处险境的受灾群众成功脱险。但如何驾驭技术，切实服务好各相关利益群体，推动社会进步也日益受到关注。人工智能技术对环卫行业的可能影响，大多数人的第一反应是人工智能对普通环卫工人的替代。然而，如果扩大到员工失业、社会稳定、美好生活这些维度综合考量的时候，企业设计产品的方向可以是帮助清洁工创造更大价值，帮助其更加便捷、更富效率地工作。尽管从长期趋势上看人工智能对低端劳动的替代将不可避免，但如果没有各方利益的一致性，产品推向市场也不会顺利。

用好的产品和服务来承载

这是企业存在的众多理由中非常朴素，却又是最深层次的。如果企业成长的动力来源于为满足用户需求极力地去创造一种产品、提供一种服务，不拿出一种解决方案决不罢休的态度，那么这个企业从根儿上就是正确的，从成长方向上就不会有偏差。企业最重要的价值是真正提供好的产品和服务来立足于市场，用与众不同的造物绝活来和外界做连接。企业的远大理想、经营哲学和商业模式等都必须依赖于一种物质产品或者服务来承载，否则就只能是虚幻的空想。乔布斯说，"活着就是为了改变世界，我的激情所在是打造一家可以传世的公司，这家公司里的人动力十足地创造伟大的产品。"

那么，什么样的产品和服务是好的，是满足人们对美好生活想象的，满足客户真正关切的产品呢？是企业从设计研发源头到销售售后的全产业链注入心血的全面质量管理，是企业穷极技术、资源及各种能力，是穷极各种合作者和合作方式而产生的解决方案。企业必须怀抱开放心态关注社会、关注技术，怀抱开放心态与合适的组织和个人合力完成价值创造。

早在20世纪80年代，张瑞敏砸冰箱，鲁冠球将3万套有瑕疵的万向节报废，以"切肤之痛"惊醒全员质量意识。而后，一批领先企业突破技术困境，提升管理水平，参与或者建立了各类质量标准体系，提升了顾客信赖度和品牌价值。亨通集团打破光纤网络、海洋光网领域的技术垄断，做到了中国每4千米光纤就有1千米是"亨通造"的成绩。大疆突破了无人机领域的诸多核心技术，在全球市场的占有率达到70%。如今21世纪，企业回到客户的源头，集合众志，发挥众力，回报众生。海尔打造互联网工厂让用户参与创造，为产品注入了体验灵魂；新希望联合农户、服务农户共同为消费者提供可靠的食品；找钢网深度到钢材交易环节，汇集长尾端的钢材小买家需求，为没有议价能力的"散户"提供仓储、加工、物流运输、融资等服务；满帮以大数据和AI

技术手段联通了大量的车主、货主和物流公司，匹配运力供需。尽管形式不同，手段不同，但这些都是好的产品和服务，因为它们是从需求关切出发，从价值创造出发提供的解决方案。